böhlauWien

1843

18 August — Ischl

Dieß war mein 13ter Geburtstag. Ischl

Tage-Buch

Anna Maria Sigmund

Die verschollenen Tagebücher
Franz Josephs

Böhlau Verlag Wien · Köln · Weimar

Coverabbildung: Franz Josef I.
in jungen Jahren.
Gemälde von Moritz Michael Daffinger.
Bildarchiv der Österreichischen Nationalbibliotek.

Die Deutsche Bibliothek – CIP-Einheitsaufnahme

Sigmund, Anna Maria:
Die verschollenen Tagebücher Franz Josephs –
Wien ; Köln ; Weimar : Böhlau, 1999
ISBN 3-205-99117-6

Gedruckt auf umweltfreundlichem, chlor- und säurefreiem Papier.
Druck: Theiss, A-9400 Wolfsberg

STADTPLANUNG WIEN

Meiner Mutter gewidmet

Der jugendliche Franz Joseph

Inhalt

Tage-Buch

I

Vorwort

Kaiser Franz Joseph I. lebte und regierte so lange, daß er in das Bewußtsein der Nachwelt als „der alte Kaiser" einging. Joseph Roth gab den Eindruck wieder, den Generationen von ihm hatten:

„Der Kaiser war ein alter Mann. Er war der älteste Kaiser der Welt. Rings um ihn wandelte der Tod im Kreis und mähte und mähte. Schon war das ganze Feld leer, und nur der Kaiser, wie ein vergessener silberner Halm, stand noch da und wartete."

Nun liegen die – zeitweise verschollenen und noch nie an die Öffentlichkeit gelangten – Tagebücher aus der Jugendzeit des Monarchen vor. Als Gegengewicht zu dem bisherigen Klischee stellen sie einen anderen Franz Joseph vor: den aufgeweckten, netten, manchmal „impertinenten" Jugendlichen, der mit seinen Brüdern raufte und kühn die Donau durchschwamm.

Diese privaten Aufzeichnungen beginnen mit dem 13. Geburtstag des damaligen Erzherzogs im Jahre 1843. Fünf Jahre erzählt dieser dann aus seinem Leben: vom Alltag im Kreis der Familie, dem Unterrichtsstreß, den Hobbys und Reisen, von Festen, Feiern und früh einsetzenden Pflichten. Er enthüllt seine hauptsächlich um Uniformen und Militär kreisende Gedankenwelt und gibt Einblick in seine strenge Erziehung, die viele Charakteristika des späteren Kaisers verständlich macht. Mit einem Augenzeugenbericht vom Ausbruch der Revolution in Wien am 13. März 1848 beendet Franz Joseph seine Eintragungen.

Die Tagebücher aus der Jugendzeit des „alten Kaisers" stellen für die Geschichtsforschung einen Glücksfall dar. Er begann mit der abenteuerlichen Rettung des Manuskripts im Jahre 1918 und setzte sich 80 Jahre später fort – 1998 gab der nunmehrige Besitzer Dr. Gert Üblacker-Risenfels die Erlaubnis zur Publikation. Ihm soll dafür ebenso herzlich gedankt werden, wie den beiden Initiatoren des Projekts, Dr. Heimo Cerny und Dr. Roland Weichesmüller, die den Text transkribierten und die schwierige wissenschaftliche Edition bearbeiten. Großer Dank gilt auch Frau Dr. Elisabeth Springer vom Haus-, Hof-und Staatsarchiv, Dr. Rudolf Jerabek vom Archiv der Republik, Monika Jagos von der Österreichischen Nationalbibliothek, Dr. Manfred Stoy vom Institut für Österreichische Geschichtsforschung, Amtsrat Herbert Koch vom Wiener Stadt- und Landesarchiv sowie Heidi Markl, Maria Rauch und Alexander Ledochowski, die das vorliegende Buch mit Rat und Tat unterstützten.

Wien, Juni 1999   *Anna Maria Sigmund*

*„Ich gab die Bücher nicht mehr aus der Hand": Erzherzog Franz Salvator von Habsburg-
Lothringen, der Erwerber der Jugend-Tagebücher Franz Josephs. Ölgemälde sign. Propst,
Privatbesitz.*

Einleitung

Es war ein feuchtkalter, trüber Tag Ende November 1918, als Franz Kukula in einem der Prunköfen des fast menschenleeren Traktes der Reichskanzlei der Wiener Hofburg Feuer machte.[1] Der Unteroffizier der Leibgarde Sr. Majestät Kaiser Karls I. und langjährige Kabinettsdiener benutzte dazu Schriften und Akten der kaiserlichen Kabinettskanzlei. Er tat es nicht der eisigen Temperaturen wegen. Vielmehr handelte er auf allerhöchsten Befehl. Der Hof hatte damals bereits Wien verlassen, nachdem Kaiser Karl auf die Führung der Regierungsgeschäfte verzichtet hatte – niemand konnte mehr für die Sicherheit der kaiserlichen Familie garantieren. Da man einen kommunistischen Putsch befürchtete, schien die Vernichtung aller Unterlagen der Kabinettskanzlei eine ratsame Vorsichtsmaßnahme.

Der 47jährige Franz Kukula verbrannte weisungsgemäß ganze Aktenstöße – Wichtiges und Unwichtiges –, ohne sich über Sinn und Zweck der Aktion eigenen Gedanken hinzugeben. Beim Anblick zweier schmaler Bücher, die beide die verschnörkelte Aufschrift „Tage=Buch" trugen, wurde er stutzig. Dann schlug er eines auf und las: „Nro 1. Angefangen am 18. August 1843. Beendigt am [...] Oktober 1844. Eh Franz." Da wußte Kukula, daß er die eigenhändig geschriebenen Tagebücher aus der Jugendzeit Kaiser Franz Josephs in Händen hielt. Er nahm die Manuskripte an sich und versteckte sie. Lange bewahrte er Stillschweigen.

1923 hielt Kukula, der inzwischen als Beamter der Zillingdorfer Kohlenwerke tätig war und geheiratet hatte, die Zeit für reif, um zu handeln. Über seine Frau Rosa, eine ehemalige Zofe in gräflichen Diensten, nahm er Kontakt zu Franz Salvator Habsburg-Lothringen und dessen Gattin Marie Valerie, einer Tochter Kaiser Franz Josephs, auf und ließ durchblicken, daß er an einer Verwertung der Tagebücher interessiert sei.

Die anschließenden Vorgänge schienen Franz Salvator wichtig genug, um sie kurz vor seinem Tod im Jahre 1938 in einem eigenhändig unterzeichneten Gedächtnisprotokoll festzuhalten. Darin heißt es:

„Um die Echtheit dieser Bücher zu konstatieren, ersuchte ich Graf Colloredo, er möge mir dieselben verschaffen, dann könne man über die Sache weiter reden. Graf Colloredo brachte mir diese Bücher und sowohl meine verstorbene Gemahlin Marie

Valerie als ich erkannten aus dem Inhalt wie aus der Handschrift, daß diese beiden Tagebücher wirklich echt seien. Ich gab dieselben nicht mehr aus der Hand und beauftragte meinen Bevollmächtigten, Graf Friedrich Resseguier, sich mit dem Besitzer der Bücher ins Einvernehmen zu setzen [...]."

Über die Befehlsverweigerung, die zur Rettung der Manuskripte geführt hatte, zeigte sich der Schwiegersohn Kaiser Franz Josephs leicht indigniert: "Was Kukula bewogen hat dem erhaltenen Befehle entgegen zu handeln, und diese beiden Bücher an sich zu nehmen, vermag ich nicht zu sagen [...]."

Es waren jedenfalls keine patriotischen Gefühle gewesen, die den Kabinettsdiener und Träger des Goldenen Verdienstkreuzes mit der Krone zu seiner Tat bewogen hatten. Kukula brauchte nämlich Geld zum Ankauf eines kleinen Anwesens. Die Familie Habsburg-Lothringen unterließ es, mit dem ehemaligen Unteroffizier über die dubiose Art der Besitzerwerbung der Tagebücher zu diskutieren. "Mit Schreiben vom 18.4.1925 teilte Franz Kukula mit, daß er [...] den Kaufschilling für das erworbene Anwesen zu erlegen habe, [...] worauf ihm am 23.4.1925 K[ronen] 10,000.000.– d.s.1.000.– [Schilling] per Postscheck überwiesen wurden."

Die Tagebücher Kaiser Franz Josephs aber wurden als kostbare Familienerinnerung gelesen, mit Anmerkungen versehen, verwahrt und schließlich vergessen. Nach dem Tode Franz Salvators Habsburg-Lothringen kamen die Manuskripte an dessen zweite Gattin Melanie geb. Baronin Risenfels, die sie lange im Archiv ihres Schlosses Seisenegg aufhob. Als sie starb, fanden sich die Bücher unter ihrer Verlassenschaft. Nun, mehr als 150 Jahre, nachdem der 13jährige Franz Joseph seine ersten Eintragungen machte, werden die Tagebücher vorgestellt.

---

1 Franz Kukula, geb. 28.3.1871 in Müglitz, Mähren. Vom 11.5.1912 bis zum 1.11.1919 wohnhaft in der k.u.k. Hofburg, dritter Stock; verheiratet mit Rosa, Kammerjungfer der Gräfin Lützow; ab 1.11.1919 wohnhaft in Schloß Strelzdorf bei Willendorf, NÖ, wo sich seine Spur verliert. Kukula war Träger des silbernen Verdienstkreuzes mit Krone, der bronzenen Jubiläums-Erinnerungsmedaille, des Jubiläums-Hofkreuzes und des goldenen Verdienstkreuzes mit der Krone – MA 8-M-1256/99 – Wiener Stadt- und Landesarchiv; Handbuch des Allerhöchsten Hofes, Almanach der Kabinettskanzlei Kaiser Karls I., S. 157.

Tagebücher Kaiser Franz Josepf I

─────

Gedächtnisnotiz.

Wie ich (Erzherzog Franz Salvator) in den Besitz der beiden Tagebücher Sr. Majestät Kaiser Franz Joseph I aus seiner Jugendzeit kam.

Im Auftrage Seiner Excellenz des ehem. Botschafters Graf Lützow, der wegen Abreise persönlich bei mir nicht vorsprechen konnte, erschien etwa 1923 spätestens Ende Frühjahr 1924 Graf Ferdinand Colloredo bei mir und teilte Folgendes mit: Die ehem. Kammerjungfer (Rosa) der Gräfin Lützow, die mit einem Beamten, wenn ich mich richtig erinnere, der Zillingdorfer Kohlenwerke, jedenfalls in Unter-Höflein wohnhaft, verheiratet war, habe erzählt, dass ihr Mann - Franz Kukula - zwei eigenhändig geschriebene Tagebücher Kaiser Franz Joseph's I aus dessen Jugendzeit besitze und dieselben eventuell einmal verwerten möchte.

Um die Echtheit dieser Bücher zu konstatieren, ersuchte ich Graf Colloredo, er möge mir dieselben verschaffen, dann könne man über die Sache weiter reden.

Graf Colloredo brachte mir diese Bücher und sowohl meine verstorbene Gemahlin Erzherzogin Marie Valerie als ich erkannten aus dem Inhalte wie aus der Handschrift, dass diese beiden Tagebücher wirklich echt seien. Ich gab dieselben nicht mehr aus der Hand und beauftragte meinen Bevollmächtigten, Graf Friedrich Rességuier, sich mit dem Besitzer der Bücher ins Einvernehmen zu setzen und alles andere mit ihm zu besprechen.

:/:

Franz Kukula war nun auf folgende Art in den Besitz dieser Tagebücher gelangt: Als länger dienender Unteroffizier der Leibgarde-Infanteriekompagnie war er als Kanzleikraft in die Kabinettskanzlei Sr. Majestät kommandiert. In der Umsturzzeit 1918/19 erhielt er den Auftrag, Schriften und Akten der Kabinettskanzlei zu verbrennen. Bei dieser Gelegenheit kamen ihm auch die erwähnten zwei Tagebücher in die Hände. Was Kukula bewogen hat dem erhaltenen Befehle entgegen zu handeln, und diese beiden Bücher an sich zu nehmen, vermag ich nicht zu sagen. Das Endresultat der mit ihm gepflogenen Verhandlungen war, dass er erwähnte, froh zu sein, dass diese Tagebücher nun in die richtigen Hände gelangt wären. Er brachte noch die Bitte vor, falls er seine Anstellung verlieren müsste und dann seinen Wohnsitz Unter-Bergbahn verlassen würde, um ein in Aussicht stehendes kleines Anwesen zu erwerben, ihm hiebei mit einem Geldbeitrag behilflich zu sein.

Mit Schreiben vom 18.4.1925 teilte Franz Kukula meinem Sekretariate mit, dass er mit 31.3.1925 abgebaut worden sei, den Kaufschilling für das erworbene Anwesen zu erlegen habe und übersiedeln wolle, worauf ihm am 23.4.1925 K 10,000.000.- d.s. S 1.000.- per Postscheck überwiesen wurden.

Wien, im Mai 1938.

Franz Salvator

Gedächtnisprotokoll Franz Salvators von Habsburg-Lothringen über die „Geschichte" der verschollenen Tagebücher.

13

Die Tagebücher Franz Josephs[*]

* Die schräg gedruckten Texte geben die Originaltexte aus den Tagebüchern wieder.

Nr. 1

Angefangen am 18. August 1843. Beendet am 16. Oktober 1844. Eh. Franz

Am 18. August 1843 feierte Erzherzog Franz Joseph seinen 13. Geburtstag. Unter den zahlreichen Geschenken befand sich auch ein schlichtes Büchlein, das im Aussehen einem Schulheft ähnlich sah. Tatsächlich handelte es sich um ein Tagebuch, und die von Mutter und Erzieher gewünschten regelmäßigen Eintragungen kamen Hausübungen gleich, denen sich „Franzi" anfangs mit Feuereifer widmete.

 In der Zeit des Vormärz wurde gern und viel geschrieben. Neben dem kunstvollen Abfassen von Briefen gehörte das tägliche Ordnen der Gedanken mittels persönlicher Aufzeichnungen zur psychischen Hygiene und wurde von einem großen Teil der Bevölkerung gepflogen. „Franzi", ein hübscher, schlanker Jüngling mit feingeschnittenen Gesichtszügen, weihte sein Tagebuch noch am Geburtstag ein, denn es gab Aufregendes zu berichten. Mit fester, schöner Schrift – Franz Joseph lernte schon im Alter von fünf Jahren schreiben –, aber schlechter Orthographie und unter Mißachtung aller Beistrichregeln erfolgten dann die erste und viele weitere Eintragungen.

1843

18. August – Ischl

Dies war mein 13ter Geburtstag. Eine Überraschung war mir vorbereitet. Als aber die Thüre zum Zimmer, in welchem meine Geschenke lagen, geöffnet wurde und Mama und Papa mich hinein führten und ich die Dragoneruniform auf dem Tisch liegen sah, war mein erster Gedanke die Uniform sey nur ein Spielzeug, doch gleich errieth ich mit der größten Freude, daß es Wirklichkeit sey. Es freute mich besonders daß ich ein Cavallerieregiment bekommen hatte und unter der Cavallerie ein Dragonerregiment, da mir die deutsche Cavallerieoffizier Uniform immer besonders gefallen hatte. Doch hätte ich die edle Uniform eines Cuirassierobersten vorgezogen.

Als mir aber Mama erzählte, daß sich der gute Onkel Ludwig[1] dafür interessirt hatte, mir das Regiment zu verschaffen, freute mich dieß sehr, da ich mir gedacht hätte, daß der Onkel es gewünscht habe. Um 11 Uhr fuhr ich in Uniform mit Mama zur Tante Louise[2].

*Edler Spender: Erzherzog
Ludwig von Österreich schenkte seinem Neffen Franz Joseph
ein eigenes Regiment*

*Es freute mich, mich derselben im Militäranzuge vorstellen zu können, doch freute es
mich nicht, von allen Leuten angegafft, der einzige Offizier zu seyn, der in Ischl in Uniform herumfährt.*

„Ich errieth, dass es Wirklichkeit sei": Franz Joseph als Oberstinhaber des Dragonerregiments Nr. 3.

Franz Joseph feierte den Geburtstag im Kreis seiner engeren Familie. Diese bestand 1843 aus der dominierenden Mutter, Erzherzogin Sophie (1805–1872), dem Vater, Erzherzog Franz Karl (1802–1878), sowie den jüngeren Brüdern Ferdinand Maximilian (1832–1867), Karl Ludwig (1833–1896) und Ludwig Viktor (1842–1919). Die kleine Schwester Marie Anna war bereits 1840 im Alter von fünf Jahren gestorben.

Nachmittag waren wir auf der Hochstockwiese; und dann bliesen vor dem Hause die Trompeter von Liechtenstein Cheveaux legers.[3] Wären es nur die Trompeter meines Regiments gewesen![4]

Die Eltern:
Erzherzogin Sophie und
Erzherzog Franz Karl.

Stolz war ich in die Zahl der Offiziere der Österreichischen Armee gekommen zu seyn. Ich freute mich schon in Uniform und zu Pferde bey den Paraden erscheinen zu können. Ich nahm mir den Tag über vor in meinem vierzehnten Jahr und als Offizier nie mehr Furcht zu zeigen und nie mehr eine Unwahrheit zu sagen.

Die Geburtstagsüberraschung war ein großer Erfolg. Auf Anregung des Erzherzogs Ludwig hatte man so lange gewartet, bis ein vakantes Kavallerieregiment zur Verfügung stand. Dann aber spielten alle in der Familie mit. Um Indiskretionen zu vermeiden, wurde damals sogar die an Franz Joseph gerichtete Post geöffnet.

„Franzi' ist ein überglücklicher Oberst", schrieb seine Mutter. „Als er das erstemal in seiner Uniform die Treppe hinunterging, lief das ganze Haus zusammen. Selbst die Köchin der Kinder stahl sich in tiefem Negligé aus der Küche [...]." Die

Verleihung von Regimentern an die jungen männlichen Habsburger war eine der großen Traditionen des Hauses, von der man sich nicht einmal durch den Ausbruch von Revolutionen abhalten ließ – im Frühjahr 1848 bekam der 15jährige Karl Ludwig auch sein Kavallerieregiment.

19. August

Beym Frühstück am Fürstenplatz spielten die Trompeter von Liechtenstein, dieß freute mich, noch mehr aber die gute Adjoustierung und Haltung der Leute, doch gefielen mir die Helme nicht, da sie gegen die Vorschrift waren.

Wäre so etwas bey meinem Regimente, dachte ich, ich wollte es abstellen. Gestern schrieb ich an Seine Majestät den Kaiser[5] um mich für das Regiment, und an den Onkel Ludwig, um mich für seine Mithülfe zu der mir ertheilten Gunst zu bedanken; auch an die Kaiserinn Mutter.

Die *Kaiserinn Mutter* war Karoline Auguste (1792–1873), die vierte Frau des verstorbenen Kaisers Franz I. Innerhalb der Familie nannte man sie respektlos „Karl August". Die geborene Prinzessin von Bayern kann als ein typisches Beispiel der engen und komplizierten verwandtschaftlichen Beziehungen zwischen Wittelsbachern und Habsburgern angesehen werden. Die beiden Dynastien bildeten eine eng verwobene Familie, in der immer neue Heiraten stattfanden.

Karoline Auguste von Bayern war dadurch für die Erzherzogin Sophie sowohl Schwester als auch Schwiegermutter, während Franz Joseph in ihr gleichzeitig Großmutter und Tante hatte.

Heute unterschrieb ich die Antwort auf das Schreiben des Generals Hardegg, mittelß welchem er mir als Kriegspräsident das schon gesagte mittheilte [...]. Abends spielten die Trompeten von Liechtenstein auf dem Wolfgang See.

20. Sonntag

Frühstück am Fürstenplatz. Um halb 12 fuhr ich mit Mama in Uniform zur Fürstinn Marie Esterhazy, zu den Schwestern Sophie Esterhazy und Fürstinn Marie Liechtenstein, zur Grf. Flora Wrbna und zur Fürstin Kaunitz. Abends schoßen wir Scheiben.

Die Eltern kannten die Vorliebe ihres ältesten Sohnes für alles, was mit dem Heerwesen zu tun hatte, schon lange. Sie förderten diese Neigung nach Kräften. Waldmüllers Gemälde von 1832 zeigt den kaum Dreijährigen im weißen Hemdchen, aber mit Kappe und Waffen eines Grenadiers, die ganz der Vorschrift entsprachen, nur en miniature angefertigt waren. Die Adjustierung gefiel dem Kind dermaßen, daß es

„Ist mir das liebste": Franz Joseph als Dreijähriger mit seinem Lieblingsspielzeug. Gemälde von Ferdinand Waldmüller.

schwer war, sie ihm wieder abzunehmen. „Franzi" liebte Zinnsoldaten und Kriegsspielzeug jeder Art. Von seinem Fenster aus beobachtete er die auf dem inneren Burghof postierte Burgwache.[6] Vor allem aber faszinierten ihn die auf dem Glacis abgehaltenen Paraden. Den farbenprächtigen Spektakeln auf der breiten unverbauten Grünfläche vor den Stadtmauern konnte er stundenlang zuschauen, ohne je Ermüdungserscheinungen zu zeigen.

„Ich führte Franzi zur Truppenschau", berichtete seine Mutter stolz, „und kam aus dem Entzücken nicht heraus. Er war genauso begeistert von den Kanonenschüssen, die ganz knapp in seiner Nähe abgegeben wurden, wie von dem Gewehrfeuer [...]." Und im Alter von fünf Jahren erklärte „Franzi" sehr dezidiert: „Das, was Militärs ist, ist mir das liebste." Oft stand der Kleine am Fenster seines Zimmers und beobachtete mit gespannter Aufmerksamkeit die Ausbildung der kaiserlichen Leibgarden. Zum sechsten Geburtstag gab es ein Flobertgewehr, und „das Schießen auf Scheiben" gehörte bald zum alltäglichen Zeitvertreib. Franz Josephs enge Beziehung zum Militär und seine Vorliebe für das Tragen militärischer Uniformen sollten ihn ein Leben lang begleiten.

21. August 1843

Um halb fünf Uhr Frühe fuhren wir zur Gemsenjagd am hohen Schrott. Neun Schützen: Papa, ich, Fürst August Liechtenstein, Graf Montenuovo, Graf Georg Esterhazi, Graf Sandor, Graf Meerfeld, Graf Coronini, Graf Bombelles. Fünf Gemsen geschoßen von Fürst Liechtenstein, Grf. Meerfeld, mir, dem Grf. Coronini und dem Grf. Montenuovo.

Hinter diesen Worten verbirgt sich die für Franz Joseph höchst aufregende erste Gemsenjagd seines Lebens. Tausende andere sollten folgen, denn bald entwickelte sich der junge Erzherzog, dem man bereits im Alter von acht Jahren erlaubt hatte, auf Kaninchen zu schießen, zum passionierten Jäger. Wie er auf linkische Weise seine erste Gemse erlegte, hat Franz Joseph in einem Übungsaufsatz niedergeschrieben, dessen Inhalt nach heutigen Kriterien befremdlich wirkt, aber der das im 19. Jahrhundert herrschende Erziehungsideal widerspiegelt.

„Ich wartete einige Zeit, da kommt ein Gemsbock in leichten Sätzen einhergesprungen, von Zeit zu Zeit die Ohren spitzend [...]. Ich feuerte, und in den vorderen Lauf, so nennt man in der Jägersprache den Fuß, getroffen, rollte er in den Graben und wollte sich schon auf der anderen Seite desselben hinaufschleppen, als ihm ein Schuß aus meinem zweiten Gewehr den anderen Vorderlauf abschoß. Nun konnte er nicht mehr weiter, und um ihn zu töten, zielte ich zum dritten Male; doch statt

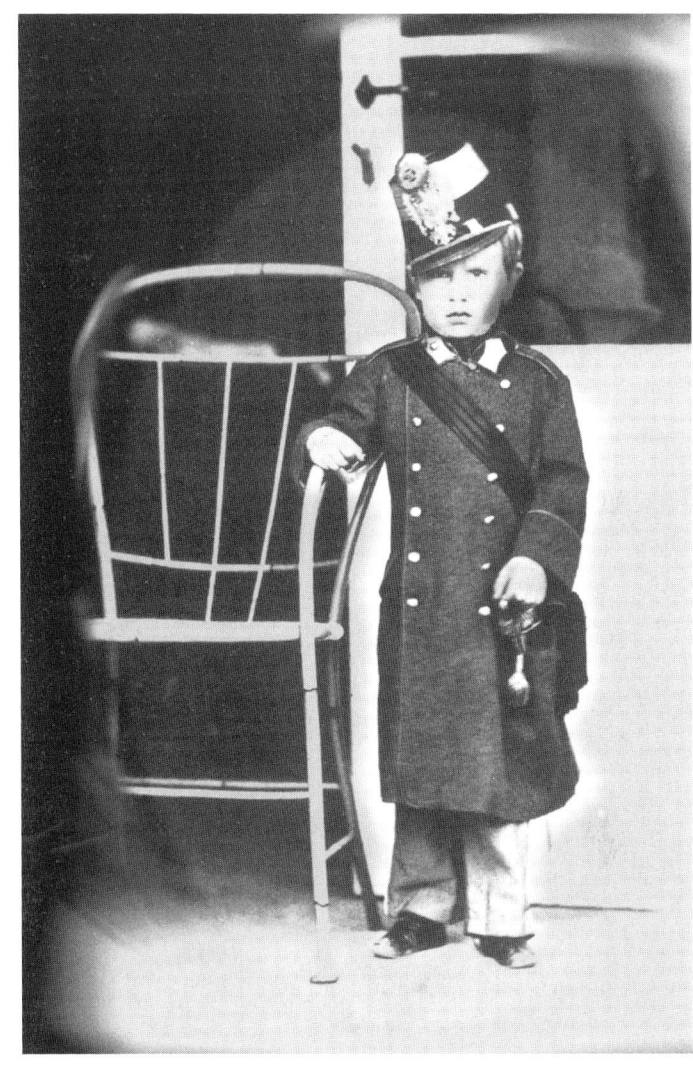

Der Zauber der Montur: Franz Josephs Sohn, Kronprinz Rudolf, im Alter von drei Jahren in Uniform.

der ‚Platte‘ traf ich den Bauch, und aus den drei Wunden blutend, blieb das arme Tier, noch immer lebend, während der ganzen Jagd liegen. Meine ganze Freude, daß mein lang gehegter Wunsch sich erfüllt hatte (nach Teilnahme an einer Jagd) war ungeheuer, so daß ich zu laut wurde; allsogleich steckte mir auch der Jäger einen Tannenzweig als Zeichen, daß ich eine Gemse geschossen hatte, auf meinen grünen, mit Federn geschmückten Hut [...]."[7]

Erst nach Ende der Jagd erhielt die Gemse den Gnadenschuß. Mehr Zielsicherheit bewies Franz Joseph, als er wenig später im Park von Schönbrunn unter den beifälligen Blicken seiner Eltern eine Katze mit einem einzigen Schuß erlegte.

Heldentor: Die Ansicht des Neuen Burgtors vom Glacis nach 1825.
Sepiazeichnung von J. N. Hoechle.

Erstes Bildnis: Franz Joseph, gezeichnet von Erzherzogin Maria.

„Meine Freude war ungeheuer": Franz Joseph beschreibt seine erste Gemsenjagd.

22. August 1843

Vormittag graues Wetter. Nachmittage auf der Traun von Steg nach Ischl gefahren.

23. August

Promenade gegen den Salzberg mit dem Grafen Bombelles. Donnerwetter mit schönem Lichteffecte auf der Ziemitz.

Heinrich Franz Graf von Bombelles (1789–1850) stellte als „Primo Ajo" eine wichtige Bezugsperson in „Franzis" Leben dar. Nachdem er sich als österreichischer Gesandter in St. Petersburg und Turin bewährt hatte, übernahm Bombelles im Alter von 46 Jahren die Betreuung des sechsjährigen Erzherzogs. Von diesem Zeitpunkt an war er für alle Erziehungsangelegenheiten des künftigen Kaisers zuständig. Fürst Metternich selbst hatte Bombelles der kaiserlichen Familie wärmstens empfohlen: „Ich reihe Bombelles unter die geringe Zahl von Menschen ein, die infolge einer angeborenen Neigung das dachten, was ich dachte, das sahen, was ich sah und das wollten, was ich wollte." Franz Joseph wurde dann ganz im Sinne der ultrakonservativen Ideen des Staatskanzlers erzogen. Es kann als ein Zeichen der Rangordnung am Kaiserhof gelten, daß Metternich den Primo Ajo bestimmte und den Eltern nur die Wahl des weniger bedeutenden Personals überließ.

Er dachte, was Metternich dachte: Heinrich Graf Bombelles, der „Ajo" Franz Josephs.

In Österreich ereignete sich zur Zeit des Vormärz nichts von Bedeutung ohne Wissen des allmächtigen Staatskanzlers Fürst Clemens Metternich. Sein konservativ-katholisches System trachtete die gefährlichen Ideen der Französischen Revolution für immer auszuschalten. Eine strenge Pressezensur verhinderte die Verbreitung jeder ungewünschten politischen Äußerung, und eine sehr effiziente Staatspolizei überwachte die Bevölkerung – und die kaiserliche Familie – auf Schritt und Tritt. Unter dem Deckmantel des Staatsinteresses hat Metternich alle Angehörigen des Hauses Habsburg virtuos beherrscht, manipuliert und tyrannisiert. Alle unterwarfen sich bedingungslos seiner Leitung. Für die jungen Habsburger wählte Metternich Gouvernanten, Erzieher und Lehrer. Für die Herangewachsenen arrangierte er dann höchst autoritär und nach den Kriterien der Staatsräson, wer wen wann zu heiraten hatte, und machte dadurch viele unglücklich.

„Der Fürst von Mitternacht": Der Staats-
kanzler Fürst Clemens Wenzel Lothar
Metternich im Ornat eines Ritters vom
Goldenen Vließ.

Freilich war die Ansicht, daß eine Heirat nicht dazu diene, die Wünsche des Herzens zu befriedigen, sondern ebenbürtige Kinder hervorbringen solle, damals Allgemeingut und wurde von vielen adeligen Eltern geteilt.

24. August 1843

Wieder Donnerwetter mit einer sehr schönen Beleuchtung des Himmels verbunden.

25. August

Dine[r] in Weissenbach mit der Tante Louise[8]. Promenade auf Steinbach. Diesen Tag nehme ich mir vor meine Aufführung, die seit meinem Geburtstage schlechter geworden war, zu beßern. Der kleine Ludwig[9] im Gemsjäger Costume.

26. August

Frühstück auf dem Fürstenplatz wie gestern. Promenade auf den Salzberg mit Gfn. (Grafen) Bombelles. Um halb neun Uhr schlafen gegangen.

Franz Josephs Eltern besaßen nie ein eigenes Haus in Ischl, sondern wohnten bescheiden zur Miete. Samt Erzieher und Personal bezog man immer dieselben preiswerten Zimmer im Gästehaus auf der Esplanade. Dieses „Seeauerhaus" verfügte über 26 Zimmer und war um 1820 für Sommergäste adaptiert worden. Zeitgenössische Führer loben es als bequem, preisgünstig und beliebt in adeligen Kreisen. Es gehörte dem Ischler Bürgermeister Wilhelm Seeauer, der als einer der ersten die Bedeutung des aufkommenden Fremdenverkehrs erkannt und Nutzen daraus gezogen hat. Eine Freundin der Großherzogin von Baden überlegte 1844: „Wir haben an Seeauer gedacht, es scheint uns das einzige noch passende Haus. Die Großherzogin braucht 12 Zimmer, wahrscheinlich ebensoviel Betten, Küche, Keller […]"[10] Franz Karl und Sophie blieben ihrer Ischler Unterkunft selbst dann treu, als ein elegantes Etablissment nach dem anderen seine Pforten öffnete. Vor allem das 1845 errichtete Hotel Talacchini galt Einheimischen und Fremden gleichermaßen als „wahrhafter Pallast", in dem eine internationale Hautevolee zur Kur weilte und gleichzeitig das Gesellschaftsleben in vollen Zügen genoß. „Das Gasthaus von Talacchini ist schon unter Dach und sieht einem Palais ähnlich", schrieb Franz Joseph nach der Besichtigung.[11] Kaiser und Könige profitierten von den Annehmlichkeiten dieses Luxushotels. Franz Josephs Eltern machten diesen Trend nicht mit. Selbst in der „Kaiservilla", die sie ihrem Sohn zur Hochzeit schenkten, haben sie nie gewohnt.

Das Seeauerhaus und spätere Hotel Austria in Ischl.

27. August 1843

Um fünf Uhr frühe mit Grfn. Bombelles in der Messe, darauf mit demselben nach Steinbach gefahren, von dort zu Fuß in 4 Stunden zu dem Loche in dem Felsen; darauf durch vulkanische Krater über das Höllengebirge in 4 Stunden nach Weissenbach, wo wir speisten.

Die Schilderungen des jungen Erzherzogs gewähren Einblick in eine sommerliche Idylle: Reduzierter Unterricht, der meist ganz entfiel, und ein unbeschwertes Leben in freier Natur. Die langen – oft achtstündigen – Wanderungen in herrlicher Umgebung begeisterten Franz Joseph, der gut zu Fuß war. Allerdings bestand die Mutter dann darauf, daß ihr Sohn am Vorabend zeitig schlafen ging. Aufgebrochen wurde stets im Morgengrauen. Doch der 13jährige murrte nie, da er schon damals ein überzeugter Frühaufsteher war. Obwohl der später so robuste Franz Joseph um diese Zeit unter häufiger Übelkeit und Ohnmachtsanfällen litt, nahm er Strapazen und Unbequemlichkeiten gern in Kauf. Als Beispiel dafür kann eine anstrengende Wanderung auf den Schafberg bei Mondsee gelten, bei der „Franzi" seinen ebenso bergfesten Vater begleitete. Plötzlich hatte nämlich das Wetter umgeschlagen. Regen mit eisigem Wind kam auf und machte den Weitermarsch unmöglich. Die durchnäßten Wanderer fanden dann in einer Sennhütte Unterkunft, schliefen in ihren Kleidern auf Strohsäcken und traten am nächsten Tag bei strömendem Regen den Heimweg an. Das Abenteuer gefiel „Franzi" ungemein.

28. August

Frühstück auf dem Fürstenplatze. Spaziergang mit dem Grafen Coronini und Leduchowski.[12]

Leseübung: Graf Coronini-Cronberg, ein Erzieher Franz Josephs.

29. August

Promenade zur Höhle ober Laufen.

30. August

Frühstück auf dem Fürstenplatz, wie gestern, mit der Grfn. Fünfkirchen, der Gfn. Sophie Esterhazi und der Fürstin Liechtenstein.

31. August 1843

Nachmittag schoßen wir mit dem Grafen Coronini u. Ledochowsky auf die Scheibe.

Franz Joseph liebte die „Séjours" – längere Aufenthalte der kaiserlichen Familie außerhalb Wiens – in Ischl, im Salzkammergut, über alle Maßen. 1823, knapp nach der Erschließung der Heilquellen dieses ältesten Solebades Österreichs, hatten die Habsburger Ischl – wo schon Kaiser Maximilian I. Heilung suchte – für sich entdeckt und kamen dann regelmäßig wieder. Vor allem Erzherzogin Sophie war nach dem unglücklichen Verlauf mehrerer Schwangerschaften davon überzeugt, daß erst die wohltuenden und heilkräftigen Solebäder die Geburt ihres ältesten Sohnes ermöglicht hätten. Auf jeden Fall hielten die Mitglieder der kaiserlichen Familie ihrem Sommerdomizil die Treue. Der Säugling „Franzi" war kaum zwölf Monate alt, als ihn Sophie auf die damals lange und beschwerliche Kutschenreise ins Salzkammergut mitnahm. Franz Joseph, der 86 Jahre alt wurde, kam in 83 Sommern nach Ischl.[13] Manchmal allerdings nur für einige Tage, wie er bitter klagte, denn infolge des dichten Unterrichtsprogramms wurde der Sommerurlaub des jungen Erzherzogs ab dem 13. Lebensjahr drastisch reduziert. Dem jungen Franz Joseph blieb nichts anderes übrig, als seine Sehnsucht nach dem „himmlischen Ischl" häufig seinem Tagebuch anzuvertrauen.

Salzkammergut

Im September 1843 brach Erzherzogin Sophie mit Franz Joseph nach Bayern auf. Die Reise von Ischl nach München und Possenhofen, die heute als Tagesausflug zu bewältigen ist, nahm damals mehrere Tage in Anspruch.

1. September 1843

Um 6 Uhr früh stand ich auf und um 7 fuhren wir nehmlich Mama, Grfin. Schön-born[14] und Grf. Bombelles über Salzburg nach Waging, wo wir speisten und von dort bis Wasserburg, wo wir die Nacht zubrachten.

Für die aus der bayrischen Königsfamilie stammende Erzherzogin Sophie bot der lange Aufenthalt im Salzkammergut eine ideale Gelegenheit, ihre Schwester Ludovika zu besuchen.[15] Diese klagte wiederholt darüber, daß Sophie nur selten nach Bayern komme. Ludovika, eine ansonsten einfache, gutmütige Natur, war in diesem Punkt sehr empfindlich und fühlte sich leicht zurückgesetzt. Der Grund dafür lag in den glänzenden Partien, die ihre vier Schwestern – zwei Zwillingspaare – gemacht hatten. Sophie hatte in die Herrscherdynastie der Habsburger eingeheiratet, Amalie und Marie durften sich Königin von Sachsen nennen und Elisabeth („Elise") war Königin von Preußen geworden.[16] Ludovikas Gatte Max[17] hingegen stammte aus einer unbedeutenden Nebenlinie der Wittelsbacher und machte ihr noch dazu durch seine Untreue und Exzentrizität das Leben schwer.

2. September 1843

Von Wasserburg reisten wir nach München, das schöne liebe München, wo wir den herrlichen Festbau, die Basilica, die Ludwigskirche, die Stiege der Bibliothek, die riesengroße Bavaria bei Stiegelmayer und die Allerheiligenkapelle sahen.

Von der „Bavaria" sah Franz Joseph nur das Modell. Der Guß des Hauptes der Kolossalstatue erfolgte erst im Dezember 1843 im Rahmen eines Volksfestes. „Vorgestern Abends um 6 Uhr (14.12.) wurde das mächtige in Bronce gegossene Haupt der ‚Bavaria' in der königl. Erzgießerey unter Leitung des Herrn Inspectors Miller mittels Flaschenzuges aus der Grube gehoben, wobey die Allerhöchsten Herrschaften, mehrere Professoren der königl. Akademie und viele Künstler und Kunstfreunde zugegen waren. Hundert und dreißig Sänger der hiesigen Liedertafel hatten sich dabei eingefunden und trugen einige Gesänge vor […]. Allgemeine Heiterkeit verbreitete sich, als scherzweise oben aus einer Oeffnung des kolossalen Hauptes, sobald es der Tiefe entstiegen war, nach und nach fünf und zwanzig Arbeiter der königl. Erzgießerey, die im Inneren Platz gefunden hatten, hervorkamen und sich in der Runde aufstellten. Der Guß zeigte sich als vollkommen gelungen und ließ bey zweckmäßiger Beleuchtung die edlen, idealen Verhältnisse aufs schönste hervortreten, in denen sich das Modell, wie es unseres Schwanthalers[18] schöpferische Hand gebildet hatte, mit der größten Treue wiedergegeben zeigte."[19] Die riesige Statue, die man als größtes „Erzwerk der Neuzeit" und als „Triumph der Münchner Erzgießerei" pries, wurde auf der Theresienwiese, dem Gelände des Oktoberfests, aufgestellt.

Im Palais Leuchtenberg[20] speisten wir um halb 5 Uhr. Traurige Rückerinnerungen, als wir die Herrn, die Damen und die Dienerschaft der armen Großmama sahen.[21] Ich lernte den Kronprinz und die Kronprinzessin von Schweden dort kennen.

Balkonszene: Palais Max in München, Ludwigstraße. Auf dem Balkon Herzog Max mit Familie.

Um 7 Uhr fuhren wir von München weg und kamen um viertel auf zehn Uhr in Possenhofen an. Wir fanden dort den Herzog Max und alle seine Kinder bis auf Louis, welcher in der Schweiz ist.

In einer zeitgenössischen Beschreibung wird der Sommersitz der Herzogsfamilie beschrieben: „Das Schloß, von hübschen Anlagen umgeben, liegt am Starnberger See, der gegen Süden von hohen Alpen eingeschlossen ist, die sich nach Osten und Westen abdachen und sehr angebaute, mit hübschen Landhäusern und Schlössern gezierte Ufer hat."[22] Die Familie selbst übte als Nebenlinie der Wittelsbacher keine offizielle Funktion aus. Im Jahre 1843 bestand sie aus dem Herzog Max in Bayern

Wo Sisi aufwuchs:
Possenhofen.
Ansicht vom Starnberger See.
Foto nach Stich von 1830.

und seiner Gattin Ludovika, „Tante Louise", dem ältesten Sohn Ludwig (Louis), Helene (Nene), Elisabeth (Sisi) und Karl Theodor (Gackel).

3. September – Sonntag

Wir frühstückten mit der Tante Louise, der Helene, der Elise[23] und dem sehr netten aber fast verzogenen Kakl[24]. Um 10 Uhr gingen wir in die dumpfe Kapelle, um die Messe zu hören, wo mir übel wurde, so, daß man mich aus der Kapelle zu einem offenen Fenster tragen mußte, wo mir wieder gut wurde; darauf legte ich mich auf das Bett. Um 12 Uhr fischte ich und Grf. Bombelles mit dem Herzog Max, wobey wir 20 Birschlinge und Weißfische fingen.

„Onkel Max" war ein höchst origineller Charakter, für den seine Schwägerin Erzherzogin Sophie nur wenig Verständnis aufbrachte. Er hielt von Etikette nichts und umgab sich mit einem Kreis bürgerlicher Gelehrter und Künstler, der „Artusrunde". Er spielte Zither und sang dazu. Im Hof seines Münchener Palais richtete er sich einen Zirkus ein, wo ihn die Münchener Gesellschaft als akrobatischen Kunstreiter bewundern konnte.[25] Unter dem Pseudonym „Phantasus" hat er sich als Dichter derber Volksstücke betätigt, die Franz Joseph, als er sein Schwiegersohn wurde, vorgeführt bekam. *[...] gestern wurde das hübsche Stück des Schwiegerpapas gegeben.*[26]

34

3. September – Sonntag. (Fortsetzung)

*Ich speiste bey mir mit dem Grf. Bombelles und genoß, wegen meiner früheren Üblich-
keiten nur einen Teller Bouillons und eine Artischoke. Nachmittags fuhren wir alle, sogar
der kleine Kakl zu einem auf dem entgegengesetzten Ufer des Sees gelegenen Schloße des
Königs, wo schnabulirt wurde. Als wir Nachhause kamen ging ich gleich auf mein Zimmer, wo ich Suppe aß und darauf zu Bette ging.*

*Noblesse oblige:
„Gackel" – Karl Theodor
Herzog in Bayern.*

*Zarte Seiten:
Maximilian Herzog in
Bayern.
Lithographie von
J. Wölfle.*

35

4. September

Vor dem Frühstücke fuhr ich mit dem Grfn. Bombelles über den ziemlich bewegten See an das entgegengesetzte Ufer, wo wir, mit Gewehren versehen, einen kleinen Spaziergang machten; ich schoß auf zwey Vögel, welche ich jedoch fehlte.

Als wir in Possenhofen zurückgekommen waren, gingen wir in den, hinter dem Schloße sich befindenden Wald wo wir alle frühstückten. Wir blieben daselbst bis um halb 12.

Nachhausgekommen ging ich mich in einer kleinen, in den See gebauten Hütte baden, worauf ich mit Grfn. Bombelles fischen und mit demselben zwölf Fische fing. Um 2 Uhr speisten wir alle, Schloßbewohner, in dem zu ebener Erde sich befindenden, Speisesaal; eine recht hübsche Musik unterhielt uns während der Tafel […].

Auch Herzog Max war dabei. Auf Bitten seiner Frau und zu Ehren der kaiserlichen und königlichen Schwägerinnen verzichtete er ausnahmsweise darauf, das Mittagessen mit seiner Geliebten und seinen zwei unehelichen Töchtern einzunehmen. Die notorische Untreue des Herzogs war ein offenes Geheimnis, über das viel getratscht wurde. „[…] in Possenhofen, wo das Familienleben der Herzogin Max sehr an das Deinige erinnert", schrieb eine adelige Dame ihrer Freundin. „Nur mit dem Unterschiede, daß Du an der Seite eines vortrefflichen Gatten sehr glücklich bist, während die Herzogin mit einem unerkannten Herzen beinahe immer allein für Kinder und Haus sorgt. Es liegt eine unbeschreibliche Wehmut in dieser Vereinzelung, die durch die unerschöpfliche Gehaltlosigkeit eines Menschen herbeigeführt wird, der die liebenswürdigen Vortrefflichkeiten seiner Lebensgefährtin nicht zu schätzen, nicht zu erkennen vermag."[27]

4.September – Fortsetzung

Abends um halb 8 Uhr war Thee im Schloß, bey der Tante Louise.

5. September

Um viertel auf 8 Uhr Morgens fuhr ich mit der Grfin. Schönborn und dem Grafen Bombelles bey sehr bewegtem Wasser über den See, um das Haus des Baurathes Himpel anzu-

sehen, in welchem das Stiegenhaus mit Fresquen bemalt ist.[28] *Wir fuhren darauf auf dem* *See zurück. Der Wind pfiff kalt über den See und das Boot tanzte auf dem sich wäl-* *zenden Schaumwellen; es war ein sehr schöner Anblick; ich glaubte mich auf dem Meere,* *denn gegen das Ende des Sees waren die Berge mit Wolken bedeckt und man sah gegen* *diese Seite nichts als Wasser, Himmel und einen von der Sonne beschienenen Kirchthurm.*

Adelige Sommerfrische: *Schloß Possenhofen.* *Gemälde von Karl Spitzweg.*

Romantische Regungen dieser Art wurden dann im Laufe der Zeit durch das Mammut-Studienprogramm, das man Franz Joseph aufbürdete, allmählich erdrückt. Das Übermaß der Verpflichtungen ließ keine Zeit zur individuellen Entfaltung. Bald galt der junge Erzherzog als denkfaul und hölzern.

Um halb 9 Uhr frühstückten wir bey der Tante Louise, und um halb zehn Uhr fuhr ich *mit dem Baron Freyberg und dem Grfn. Bombelles nach Pöcking, einem in der Nähe* *von Possenhofen gelegenem Dorfe, wo wir einen Jäger antrafen, um mit ihm zu jagen.*
   Anfangs schoß ich einen Ammerling, einige Zeit darauf stand der Jagdhund und ein *Ritt Rebhühner flog auf. Ich that einen Schuß und der Baron zwey Schüße, worauf zwey*

Hühner fielen. Nun stießen wir lange auf nichts, bis ich wieder auf drey Ammerlinge und eine Meise schoß; während der ganzen Jagd aber hatte es öfters geregnet. Meine Beute schickte ich in die Küche um sie zum Nachtessen zu verzehren. Nun als ich dieses schreibe nämlich um halb 2 regnet es wieder und ich fürchte es wird ein Landregen werden.

Um zwey speisten wir im oberen Speisezimmer; wieder mit Musik.

Nachmittags wurde über den See wieder zu dem Baurathe Himsel [sic!] gefahren. Abends war Thee mit einem Concerte der Tafelmusikanten und des Sängers Bäuer.

Interessant ist, daß Franz Joseph während seines ganzen Besuchs seine kleine Cousine und spätere Gattin, Elisabeth, mit keinem einzigen Wort erwähnt. 1843 fand es der 13jährige Bub offenbar unter seiner Würde, sich mit dem 6jährigen Mädchen zu beschäftigen. 1853 sollte sich dies schlagartig ändern. Das in Literatur und Film oft beschriebene romantische Treffen in Ischl mit der „Liebe auf den ersten Blick" entspricht allerdings nicht den Tatsachen. Cousin und Cousine kannten einander seit frühester Kindheit und hatten einander im Laufe der Jahre häufig bei den zahlreichen Familienfesten zu den verschiedensten Anlässen getroffen. Auch als der Hof im Mai 1848 nach Innsbruck flüchtete, kamen die bayrischen Verwandten mit der 14jährigen Nene und der elfjährigen Sisi auf Besuch. Zwischen Sisi und Franz Josephs jüngerem Bruder Karl Ludwig entspann sich anschließend sogar ein jahrelanger Briefwechsel.

6. September

Um 6 Uhr stand ich auf und nach eingenommenem Frühstücke fuhr ich mit dem Grafen Bombelles in 2 1/2 Stunden nach München, wo wir im Palais Max abstiegen. Von dort aus fuhren wir zum Maler Kaulbach, wo wir das, im Malen begriffene Bild der Zerstörung von Jerusalem und andere schöne Bilder sahen. Darauf fuhren wir über die Isarbrücke in die schöne und großartige Aukirche, und von dort zum Bildhauer Schwanthaler, wo wir die koloßalen Statuen des Feldmarschalls Wrede, und des berühmten Tilly, und diejenigen des Huss und des Schiska sahen.

Franz Joseph, der sich für Maler und Bildhauer interessierte, war mit seinem Erzieher noch vor der Mutter aus Possenhofen abgereist, um zwei namhafte Münchner Künstler in ihren Ateliers aufsuchen zu können.

*Nun fuhren wir in den Hofgarten, wo wir die Wachparade bey uns vorbey marschiren
sahen. Im Bazard[29]) besuchten wir die Gräfin Auguste Lodron und die Boutique des
Herrn Breul. Wir speisten im Palais Max, und als die Mama im Palais Leuchtenberg
von Possenhofen um halb vier angekommen war, gingen wir dahin, und weiter von dort
mit der Mama um halb fünf Uhr Nachmittag bis Wasserburg, wo wir um 9 Uhr ankamen. Wir supirten alle zusammen und brachten darauf keine sehr gute Nacht zu, da den
Abend die Säufer der Umgegend eine Zusammenkunft gehalten hatten, und sie, zum
Theile betrunken, einen schrecklichen Lärm machten.*

In welch ehrerbietigem Stil damals über das bayrische Königshaus geschrieben wurde, geht aus einem Zeitungsbericht der „Augsburger Allgemeinen" vom 30. August
hervor: „Mittags erschien Se.königl.Hoheit Prinz Luitpold als königl.Stellvertreter
im Ständehause […], im Saale harrten der Ankunft des Durchlauchtigsten Prinzen
[…] viele Mitglieder vom Civil- und Miliärstande in Uniform […]. Als Se.königl.
Hoheit mit wenigen Worten erklärt hatte, welcher allerhöchster Auftrag ihm geworden, richtete Höchstderselbe an den königl.Minister die Aufforderung die betreffen-
de höchste Vollmacht zu verlesen […]."

Heutzutage würde sich die Presse eher mit Neuigkeiten aus dem bizarren Privatleben König Ludwigs I. beschäftigen. Erzherzogin Sophie konnte den Ärger über
ihren Halbbruder, der von seiner Mätresse, der Tänzerin Lola Montez, total
beherrscht wurde, kaum verbergen. „Es ist ein abscheuliches Chaos", heißt es in dem
Brief einer Hofdame. „Denke Dir, als der König von der Lola über die Straße zu Fuß
nach dem Schloß zurückging, lief alle Augenblicke ein anderes Individuum an ihn
hin und schrie ihm die abscheulichsten Schimpfworte ins Gesicht. ,Hurenkönig'
soll noch von den zartesten gewesen sein."[30]

7. September

*Um 7 Uhr frühe fuhren wir, nach eingenommenem Frühstücke von Wasserburg ab und
über Salzburg (auffallender Unterschied der österreichischen und der bayrischen Soldaten) bis Hof, wo wir um halb vier Uhr speisten, und von dort nach St. Gilgen, wo wir
den Papa trafen, und dann mit ihnen nach Ischl fuhren, wo wir um 8 Uhr ankamen.*

*Wir hatten keine Lectionen und es wurde zur bevorstehenden Reise nach Ungarn einge-
packt. Abends machten wir mit Papa und Mama eine Parthie zu Eseln nach Laufen.*

*Andachtsübung:
Erzherzogin Sophie betet
mit ihren Kindern.
Aquarell von Peter Fendi,
1838.*

Der Eselsritt am Ende einer ermüdenden Reise ist bezeichnend dafür, mit welchem Engagement sich die Eltern ihren Kindern widmeten. Keine Anstrengung war ihnen zuviel. Wie aus den Aufzeichnungen Franz Josephs deutlich hervorgeht, nahmen die Eltern, vor allem jedoch die Mutter, in seinem Leben eine zentrale Rolle ein. Erzherzogin Sophie – „der einzige Mann bei Hof" – spielte in der Politik eine wichtige Rolle. Sie war kulturell interessiert und las, obwohl erzkonservativ, zu ihrer Information die „Augsburger Allgemeine", eine in Österreich verbotene liberale Zeitung. Sie zeigte Humor und neigte zur Selbstironie. „Ich bin also zum neunten Male am Beginn einer Schwangerschaft. Nun in einem Zeitraum von 10 Jahren habe ich wenigstens keine Zeit verloren", schrieb sie ihrer Mutter.[31] Sophie schien jedoch eine andere Person zu sein, wenn es um die Zukunft ihres ältesten Sohnes ging. Dann entwickelte sie ungeheuren Ehrgeiz und erstaunliche Härte. In jahrelanger mühsamer Kleinarbeit gelang es ihr, die Familie Habsburg davon zu überzeugen, daß Franz Joseph der nächste Kaiser

sein müsse. Ohne den Ausbruch der Revolution im Jahre 1848 wäre ihre Geduld aber auf eine lange Probe gestellt worden – der kranke Kaiser Ferdinand I. erreichte nämlich wider Erwarten ein hohes Alter und starb erst 1875 im 83. Lebensjahr.

Schon einen Tag nach der Rückkehr aus Possenhofen schickte die energische Mama ihre drei ältesten Söhne über die Steiermark nach Ungarn. Im Rahmen einer „Good-will-Tour" sollten die führenden Adelsfamilien auf ihren Landsitzen besucht werden. Es war eine kluge Geste, mit der man das Wohlwollen der Bevölkerung gewinnen, Franz Joseph als zukünftigen Kaiser lancieren und den ungarischen Adel den Habsburgern verpflichten wollte. Der Anblick der jungen, gesunden und sympathischen Sprößlinge des Kaiserhauses sollte den tristen Eindruck abschwächen, den der nominell regierende Kaiser Ferdinand I. machte.

9. September

Um 8 Uhr frühstückten wir mit der Mama, und um halb neun Uhr fuhren wir, zwey von uns mit dem Grfn. Bombelles im ersten Wagen, der Grf. Coronini mit einem von uns im 2ten und der Graf Ledochowsky mit dem Prf. Hoffer [Deutschlehrer] im 3ten Wagen, außerdem ein Wagen mit den zwey Kammerheitzern Legrenzi und Eberl, und ein Bagage Wagen, von Ischl weg und kamen um Mittag nach Aussee; wir besichtigten die Salzpfanne und fuhren dann in der Postkalesch zum Grundlsee; um zwey speisten wir im Gasthause und reisten beym hohen Berge Griming vorüber bis Lietzen im schönen Ennsthale, wo wir die Nacht zubrachten.

Der als Kammerheizer angeführte Antonio Legrenzi sollte noch eine erstaunliche Karriere machen. Zuerst stieg er zum Kammerdiener auf. Dann beförderte man ihn zum Architekten, und er baute, nur von einem Polier unterstützt, jenes bescheidene Haus, das Franz Josephs Mutter ihrem Sohn in Ischl zur Verlobung schenkte, zur „Kaiservilla" aus.

10. Sonntag

Wir hörten die Messe in der Pfarrkirche von Lietzen und nach eingenommenem Frühstück reisten wir von Lietzen ab und durch eine herrliche Gegend nach Kahlwang, [Kallwang] wo wir speiseten. Abends kamen wir nach Leoben, wo man uns nicht sehr feyerlich empfing, und wo wir den Kalvariberg bestiegen um dort eine sehr schöne Aussicht zu sehen. Um 8 Uhr Abends kam der Graf Morzin an und der Herr Professor reiste für sich nach Grätz ab.

11. September

Um halb 7 Uhr reisten wir von Leoben ab, und über Bruck durch das schöne Muhrthal bis Grätz wo wir um 12 Uhr eintrafen und im Gasthause zur Stadt Triest abstiegen. Bald kam der Gouverneur [Landes-Gouverneur der Steiermark Matthias Graf von Wickenburg] und darauf der Onkel Johann, mit welchem wir alles, was wir machen sollten bestimmeten. Nachdem wir lange gewartet hatten, kam das vortreffliche Diner, welches um halb drey vollendet war, und uns darauf noch Zeit ließ mit dem Gouverneur, welcher eigentlich um drey Uhr den Ständen ein Dine in der Burg geben sollte, in die Burg zu fahren, in welcher wir die hübschen Appartements, den Garten und die Vorbereitungen zum Feste der Naturforscher sahen, und die Frau des Gouverneurs, die Gfin. Wickenburg, [Emma von Wickenburg] kennen lernten.

Das spätere Hochzeitsgeschenk: Die Kaiservilla in Ischl im ursprünglichen Zustand, 1836.

Die 21. Versammlung der deutschen Naturforscher und Ärzte wurde am 18.9.1843 eröffnet. Sie fand auf Initiative von Erzherzog Johann statt, der in seiner Ansprache zu den 530 Kongreßteilnehmern sagte:

„Wenn wir Ihnen auch nicht alles Das biethen können, womit Kunst und Wissenschaft manche andere Stadt so reichlich geschmückt haben – denn unser Beginnen und Wirken ist noch zu neu – so biethen wir Ihnen doch Das, womit die Natur unsere Provinz so schön und freundlich ausgestattet hat, so wie unseren guten Willen und Eifer für die Beförderung der Wissenschaften und die aufrichtigen Herzen eines biederen Volkes."[32]

11. September – Fortsetzung

Darauf besichtigten wir immer mit dem Grfn. Wickenburg den Dom und das Mausoleum, in welchem mehrere Herzoge von Steiermark, unter andern auch der Kaiser Ferdinand II, liegen. Nun fuhren wir in das Johanneum, wo wir den Onkel Johann antrafen, und wo uns der Gouverneur verließ. Man führte uns nun in der Begleitung des Onkels durch die Hörsäle, und alle Säle mit Modellen und mit Sammlungen, dieses großen Gebäudes; auch den hübschen Garten sahen wir an. Nun führte uns der Onkel Johann

Kongreßstadt Graz, 1843. Lithographie von Leopold Kurvasegg.

in das Landhaus, um dort die Waffen und Rüstungen-Sammlungen, und die zwey großen Versammlungs Säle zu beschauen.

Die Zeitungen schrieben damals: „Die nach langer Witterungsunbill sich so schön gestaltenden Septembertage haben der Steyermark den höchst erfreulichen Besuch von Mitgliedern des allgeliebten Kaiserhauses gebracht, welche auf ihrem ersten größeren Ausfluge in die der Residenz benachbarten Provinzen nun auch zum ersten Mahle unseren heimathlichen Boden betraten. Die Erzherzoge Franz Joseph, Ferdinand Maximilian und Carl Ludwig, gelangten, unter dem Incognito als Grafen von Habsburg reisend, in Begleitung des Herrn Ajo [...]. Wem es vergönnt war, in der Nähe der durchlauchtigsten Reisenden zu verweilen, [...] auf den mußte sowohl die glückliche physische Entwicklung, die Anmuth der Gestalt und des Benehmens, ihre Leutseligkeit, das Erbe aller Mitglieder des Kaiserhauses, als der hohe Grad geistiger Ausbildung den freudigsten Eindruck hervorbringen[...]."[33]

11. September – Fortsetzung

Von da aus fuhren wir mit einem Umwege zum Onkel Johann, wo wir der Baronin Brandhof unsere Aufwartung machten. Darauf führte uns der Onkel auf den Schloß-berg, von wo aus man einer herrlichen Aussicht auf die Stadt und die Umgebungen sich erfreut. Abends um 7 Uhr spielte vor unserem Gasthause die Banda vom Regimente, König von Niederland und mehrere 30 Mann, Gemeine und Korporäle sangen Chöre aus italienischen Opern und Reisemärsche.

Steirischer Stolz:
Erzherzog Johann.
Gemälde von
Leopold Kupelwieser, 1828.

Der Besuch der Erzherzöge bei der „Baronin Brandhof", geb. Plochl, der nicht standesgemäßen Frau Erzherzog Johanns, war ein besonderer Schachzug der Erzherzogin Sophie. Über ihre Söhne nahm sie Anteil am Privatleben Johanns, ohne sich selbst zu exponieren. Als die ehemalige Postmeisterstochter Anna Plochl 1839 nach 12jähriger Ehe ihr erstes und einziges Kind bekommen hatte, schrieb Erzherzogin Sophie sarkastisch: „Ich weiß nicht, was ich dafür gegeben hätte, um ihn [Erzherzog Ludwig, den Taufpaten] und seine Miene bei dieser Gelegenheit zu sehen, ihn dessen spanische Grandezza sich sosehr gegen diese Heirat auflehnte und den der verstorbene Kaiser beauftragt hatte, mit aller Kraft dagegen zu predigen."[34] Der kleine Franz Ludwig[35] hatte eine ausgeprägte „Habsburger-Lippe". Franz Josephs Mutter, die ansonsten sehr über dieses habsburgische Merkmal klagte, quittierte dies mit den

Mustergut:
Der Brandhof.
Aquarell von M. Loder, 1828.

46

Musterehe:
Erzherzog Johann mit seiner
Frau Anna Maria, geb. Plochl,
und Sohn Franz Ludwig.
Bleistiftzeichnung.

ätzenden Worten: „Ich bin doch froh, daß er etwas vom Erzherzog [nämlich dem Vater] hat." Erst in den Wirren der Revolution des Jahres 1848, als Sophie auf die Unterstützung aller Familienmitglieder angewiesen war, entdeckte sie plötzlich Gefallen an Anna Plochl, „[…] dieser so vernünftigen, ausgezeichneten, einfachen Frau […]."

12.

Um 7 Uhr Frühe holten uns der Onkel Johann und der Gouverneur ab, und führten uns in das Colosseum, welches aus mehreren ungeheuren Sälen und einem Circus besteht, wo Feste gegeben werden. Nun zeigte uns der Onkel seinen, im Bauen begriffenen Pallast,[36] *und um 9 Uhr reisten wir mit dem Gouverneur von Grätz ab. Grätz ist eine, besonders durch seine Umgebungen schöne Stadt. Die innere Stadt gleicht sehr den Strassen Wiens.*

Über Ilz ging es dann weiter zur Riegersburg, wo *wir das alte, ungeheure, auf Felsen gebaute Schloß besuchten.*

Bloß drei Stunden später – und man befand sich in Bad Gleichenberg, das Franz Joseph minutiös beschreibt. Noch am Abend fuhr man nach Fürstenfeld, das – *in kleinen Wägelchen und über sehr schlechte Wege* – nach einer viereinhalbstündigen

Fahrt erreicht wurde. Damit hatte man nach fünfmaligem Übernachten in zum Teil äußerst primitiven Gasthöfen und ermattet von den langen Kutschenfahrten die Landesgrenze erreicht – die eigentliche Reise durch Ungarn konnte beginnen!

13. September

[…] wo wir von der ersten ungarischen Deputation empfangen wurden, und ich auf ihre ungarische Anrede, folgende einstudierte Antwort gab:

„Ich bedanke mich für Ihren herzlichen Empfang, ich fühle echte Freude die ungarische Heimat betreten zu können; und gleichzeitig kann ich die Herrschaften versichern, daß die Zeit, die ich in Ungarn verbringe, so lange ich lebe, zu meinen glücklichsten Tagen zählen werde."

Die Ungarn hatten sich von 1835 bis 1840 die magyarische Staatsprache an Stelle der lateinischen erkämpft.

Franz Joseph sprach demnach schon etwas Ungarisch. Die Sprachkenntnisse wurden mit Hilfe des Lehrers Abbé Kiss im Laufe der Zeit so perfektioniert, daß sich der Kaiser in späteren Jahren mit seiner Enkelin Marie Valerie auf ungarisch unterhalten konnte.

13. – Fortsetzung

Wir fanden auch dort den Herrn Commissär Szabo, welcher die ganze Reise durch Ungarn mit uns machte. Zu Mittag kamen wir nach Körmend, einem hübschen Markte, jedoch in einer garstigen Gegend. Wir stiegen im Schloße des Fürsten Bathiani [Batthyany] ab, wo uns wieder eine Deputation empfing und ich in meiner Rede stecken blieb. Kindisches Betragen als wir auf die, uns angewiesenen Zimmer kamen.

Wir gingen darauf in den sehr schönen Schloßgarten, und dann zu Tisch, wo uns ein herrliches Diner, mit einem Toaste verbunden, gegeben wurde.

Wir verließen Körmemd um 2 Uhr und fuhren, meist mit Bauernpferden, […] bey einem schönen Mondschein, über sehr schlechten Wegen bis Keshely, [Keszhely] was ein, dem Grfn. Festetics gehörendes Schloß ist, wo wir um 11 Uhr nachts ankamen und von der Grfin. Festetics empfangen wurden.

14.

Nachdem wir gefrühstückt hatten, gingen wir in den Schloßhof, wo uns einige Gestütt-
pferde vorgeführt wurden. Nun fuhren wir, immer längst dem schönen, in malerischer
Gegend gelegenen Plattensee, deßen Ende nur Wasser und Luft bildeten, in das Gestütt
wo wir mehr als sechzig Stuten und Follen ganz nahe von uns in einer Herde ganz frey
herumlaufen sahen [...].

Die Reiseroute verlief durch das nördliche Ungarn, den Plattensee entlang und
durch einen Teil des Bakonyer Waldes. Man besuchte auch den aus Tapoliza stam-
menden Latein-, Griechisch- und Ungarischlehrer Abbé Kiss (auch Kisz) und seine
Familie. Franz Joseph ahnte damals nicht, daß er viele Jahre später wieder engsten
Kontakt zu einer Verwandten der Familie Kiss haben würde – nämlich zu Katharina
von Kisz, geb. Schratt. Für ihren Mann, Baron Nikolaus, bezahlte der Kaiser nicht
nur die Spielschulden, sondern er bewog ihn auch durch ein größeres Geldgeschenk
zur Übersiedlung nach Venezuela.

15.

Nach dem Frühstück las uns, um halb 7 Uhr, der Abbe Kis eine Messe in der franciska-
nischen Kirche und um 7 Uhr fuhren wir ab und immer von Deputationen geplagt, [...]
kamen wir nach Sarvar, wo sich ein Schloß und ein Garten des Herzogs von Modena
befindet.

Welchen letzteren wir auch sogleich besahen. Als wir zurückgekehrt waren, tanzten im
Hofe Bauern und um 2 Uhr setzten wir uns zu Tisch [...].

Da im September 1843 die Visite einflußreicher Adelsgeschlechter den Schwerpunkt
des Programms bildete, suchte man gewissenhaft einen adeligen Sommersitz nach
dem anderen auf. Der Empfang der kaiserlichen Buben, die ihrer Erziehung gemäß
mustergültig Haltung bewahrten, verlief immer nach dem gleichen Schema. Stets
wurden sie schon am Schloßtor von den Besitzern persönlich in Empfang genommen. Nach der höflichen Begrüßung galt es meist, die kunstvollen Darbietungen
von Bauern, die im Hof ihre ländlichen Tänze vorführten, zu bewundern. Dann
zeigte man den durchgeschüttelten, ermüdeten und staubbedeckten Reisenden,
ohne ihnen eine Verschnaufpause zu gönnen, voll Stolz den ganzen Besitz. Gewöhn-

lich folgte ein langes Diner mit höflichen Reden und vielen Toasts: *[…] 15 Toasts, dann spielte Denes Sechenyi auf der Zither,* während die auf dem Land nach Gesellschaft dürstenden Adeligen voll Eloquenz ihre diversen Anliegen vorbrachten.

15. – Fortsetzung

Nach Tisch reisten wir ab, und kamen nach Steinamanger wo wir die Kirche bey Trompetten und Pauken besuchten und darauf in das Comitatshaus gingen wo wir sahen, wie man die Verbrecher arbeiten macht, man hatte auch die Dummheit uns zwey Mörder zu zeigen. Um halb 8 Uhr kamen wir in Güns an […]. Bald nach unserer Ankunft kamen Imre und Denes Scechenyi […]. Wir unterhielten uns einige Zeit mit ihnen, während welcher Zeit die Trompeter von Toscana Dragoner Nr. 4 bliesen. Als die Trompeter abgegangen waren, hielten die Bürger in Uniform einen Fakelzug mit Musick.

16.

Nachdem die Bürger vor unserem Gasthause um halb 8 Uhr Frühe wieder ausgerückt waren, fuhren wir auf den Exercierplatz, wo das Dragonerregiment aufgestellt war. Dort war für mich ein Ponney des Grfn. Paul Sechenyi gerichtet, was aber, nachdem ich es eine halbe viertel Stunde geritten hatte, so bockte und stieg, daß mir der General seinen großen Schimmel antrug, der dann während dem ganzen Exercieren sehr gut ging. Das Regiment exercierte recht gut, doch gefiel es mir von allen Cavallerieregimentern die ich gesehen hatte am wenigsten. Die Helme sind gegen die Vorschrift.

In der Nähe des Exercierplatzes stiegen wir in unsere Reisewägen und fuhren in anderthalb Stunden nach Horpacs zum Grfn. Louis Sechen. Wir gingen gerade auf den Balkon, von wo wir einem ländlichen Feste beywohnten, welches aus einem Einzuge, verschiedenen Spielen und ungarischem Bauerntanze bestand […]. Um 4 Uhr fuhren wir nach Esterhaz [Esterhaza], einem Schloß des Fürst. Esterhazy, wo uns der Fürst Nicolaus und seine Frau empfingen. Alsogleich zeigte er uns seine englische Hundsmeute und sein Gestüt englischer Pferde, dann ließ er in einem eigenen Springgarten einige Pferde Hecken, Barrieren und Gräben springen, wobey ein Jokey herunterfiel. Darauf gutierten wir im Schloße wobey auch die Mutter [Maria Theresia von Thurn und Taxis] und die zwey Schwestern der Fürstin erschien. Als es finster geworden war gingen wir in den Hof des beleuchteten Schloßes, wo bey Fackelschein mehrere Kreise von Bauern tanzten.

51

Prinz Nikolaus III. Esterhazy war jung verheiratet. Seine Gattin Lady Sarah Child-Villiers stammte aus England, wo Nikolaus den Großteil seiner Jugend verbracht hatte, da sein Vater, Fürst Paul III., von 1815 bis 1842 als österreichischer Botschafter in London wirkte. 1854 sollte der habsburgertreue Nikolaus den jungen Kaiser Franz Joseph auf einer Inspektionsreise durch Ungarn und Siebenbürgen begleiten.

17. Sonntag

Um 7 Uhr verließen wir Esterhaz, und in einer Stunde befanden wir uns in Zinkendorf, einem Schloße des Grfn. Stephan Sechenyi, welcher uns mit seiner Frau und den drey Söhnen empfing. Wir hörten die Messe, besichtigten darauf das ganze Haus […] reisten wir durch Ödenburg [Sopron], wo die Bürger ausgerückt waren, auf das Schloß Forchtenstein, wo uns die Fürstinn Therese und wieder der Fürst Nicolaus Esterhazi empfingen. Wir speisten allsobald, und besahen die, herrliche Kunstgegenstände enthaltende Schatzkammer, die Waffenmenge, die Kanonen, den tiefen Brunnen die großen Säle voller Portraiten. Das Schloß ist sehr alt und sieht verlaßen aus; fast garkein Meubel ist zu sehen. Um 9 Uhr Abends kamen wir in Eisenstadt an, wo uns die Bürger mit Fakeln empfingen, und wo die Fstinn. Therese schon angekommen war, um uns zu empfangen […].

„Darauf gutierten wir im Schlosse":
Esterhasa, Sommersitz der Fürsten Esterházy.

Landschaftskunst:
Der Leopoldinentempel im
Schloßpark zu Eisenstadt,
1807.

Das Ende einer Dienstfahrt:
Rückkehr ins „liebe, liebe
Schönbrunn".
Kol. Kupferstich.

18.

Um 7 Uhr fuhren wir mit dem Gärtner in dem schönen Schloßgarten herum, besahen den Marien und Leopoldinen Tempel, die Glashäuser und die Pflanzensammlungen [...].[37]

Es war eine ermüdende Fahrt, bis Franz Joseph, Ferdinand Maximilian und Karl Ludwig im *lieben, lieben Schönbrunn* ankamen.

Zwar hatte mich die Reise in Ungarn unterhalten, denn obwohl das Land nicht schön ist, ist es doch interessant, doch war ich froh ruhig von den Mengen Reden Toasten und Empfängen ausruhen zu können. Denn in anderen Ländern wie [zum Beispiel] im lieben Österreich kann man ruhig reisen; ich sehnte mich doch nach dem lieben Ischl zurück, in dem ich so sehr glückliche Tage zugebracht hatte.

Wir stiegen bey der Kaiserinn Mutter ab, gingen dann zum Kaiser, zum Onkel Ludwig, zur Tante Louise, sahen in der Gallerie die Bombelles, besuchten die Tante Elise [...].

Der behinderte Kaiser Ferdinand I. bot das Zerrbild eines „absoluten" Herrschers, der weder in der Politik noch im Hofleben eine Rolle spielen konnte. Trotzdem wurde der Schein aufrechterhalten. Man suchte bei dem nominellen Familienoberhaupt um Reiseerlaubnis an und meldete ihm auch die Rückkehr. Franz Joseph berichtet des öfteren, daß „beym Kaiser gespeiset" wurde.

Der immer wieder von epileptischen Anfällen geplagte Kaiser Ferdinand I. trat nur zu besonderen Anlässen in Erscheinung. Bei seinem Regierungsantritt hatte Erzherzogin Sophie von „der bedauernswerten Persönlichkeit des neuen Kaisers" geschrieben. Drastischer drückte es die russische Zarin Charlotte aus: „Großer Gott, ich hörte viel von ihm, von seiner kleinen, häßlichen, vermickerten Gestalt und seinem großen Kopf ohne Ausdruck als den der Dämlichkeit, aber die Wirklichkeit übersteigt doch alle Beschreibung." In der offiziellen, streng zensurierten Berichterstattung war von den vielfältigen Problemen, die ein Geistesschwacher an der Spitze des Kaiserreichs verursachte, nie die Rede. So hieß es 1843, als der Geburtstag des Kaisers in den Landeshauptstädten festlich begangen wurde: „[...] der Allerhöchste Geburtstag Sr.Majestät unsers allergnädigsten Kaisers wurde [...] auch in diesem Jahre auf eine Weise gefeiert, welche die allgemeinen Gefühle der Liebe und Dankbarkeit für den Allerhöchsten Herrscher und das durchlauchtigste Erzhaus beurkunden.

Im Vließornat:
Kaiser Ferdinand I.
Ölgemälde von W. A. Rieder, 1839.

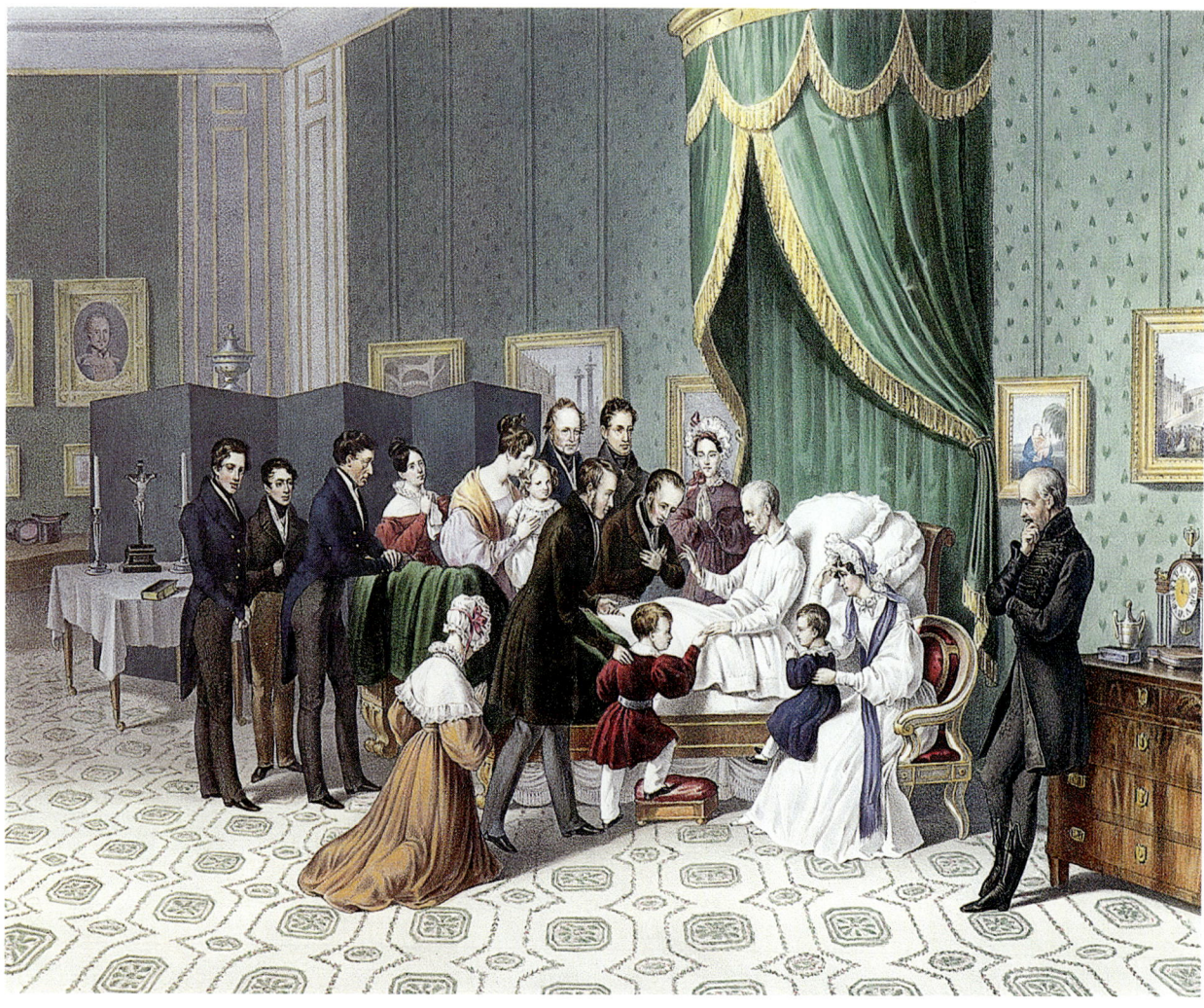

[…] die allgemeine Theilnahme des Publicums [an einer Festaufführung] gab den sprechenden Beweis von der treuen Anhänglichkeit, mit welcher auch die Bewohner von Linz an ihrem Monarchen hängen."

Seine Position verdankte Ferdinand I. vor allem dem Staatskanzler Metternich, der den sterbenden Kaiser Franz I. in der Wahl seines ältesten Sohnes zum Nachfolger bestärkte und sich mit diesem Schachzug seine Machtfülle über den Tod des Monarchen hinaus zu bewahren suchte.[38]

Kurze Zeit nach der Rückkehr aus Ungarn zog in „Franzis" Leben wieder der Alltag ein.

19. September 1843

Wir hatten keine Lectionen und packten aus – alle alten Gewohnheiten werden wieder hervorgerufen. Die Stunden Eintheilung wurde vom Grfn. Coronini wie gewöhnlich geschrieben.

Die Erstellung eines neuen Stundenplans erfolgte zweimal jährlich.

Der Schneider und Helmmacher kamen, der eine um die Uniform zu verbeßern, der andere um zu meinem Helm einen größeren Kopf [sic!] zu machen, und den Säbel zu

Legitimitätsprinzip:
Die Familie betrachtet
das Bildnis des verstorbenen
Kaisers Franz.

verlängern. *Ich freute mich schon ungemein in Uniform zu Pferd bey den Manoeuvern ausrücken zu können.*

Tags darauf fing der Unterricht an, und man glaubt die Lehrer zu hören, wenn Franz Joseph schreibt:

20. September 1843

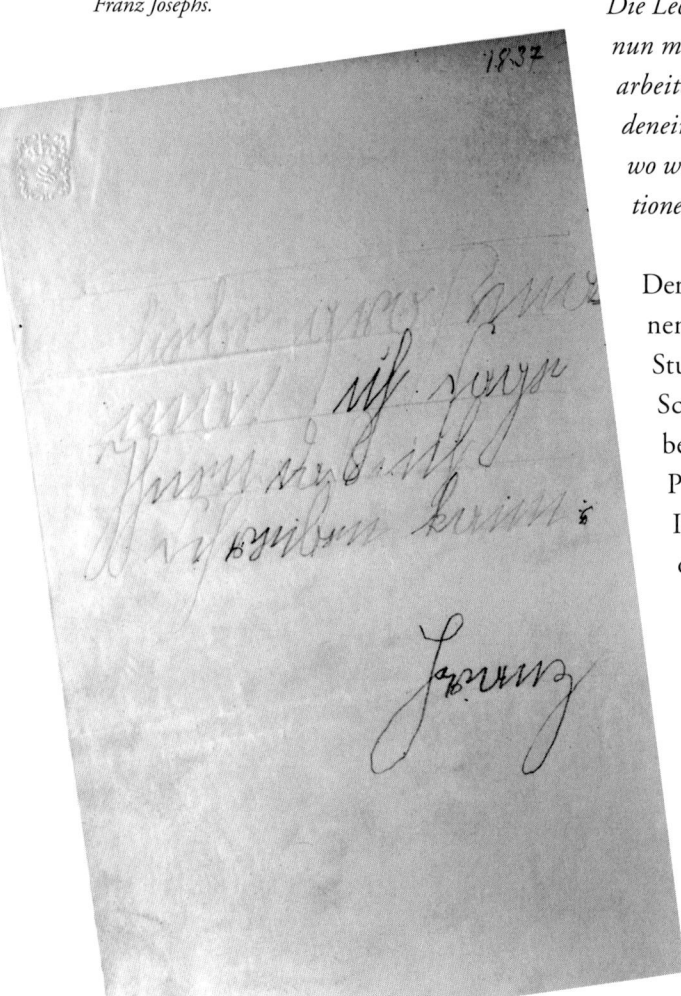

Schreibübung:
Die ersten Zeilen
Franz Josephs.

Die Lectionen fingen an, wir sahen mehrere der Lehrer wieder, und nun müssen wir uns wieder nach den Vakanzen [Ferien] recht einarbeiten. Um drey Uhr fuhren wir, wie es nach der neuen Stundeneintheilung befohlen ist spazieren, und zwar über Lainz, von wo wir zu Fuß nach Hause gingen. Um halb 6 Uhr fingen die Lectionen wieder an, welche bis 8 Uhr dauerten.

Der sogenannte Ernst des Lebens hat für „Franzi" früh begonnen. Ab dem dritten Lebensjahr wurde er bereits dreizehn Stunden pro Woche in Religion, Deutsch, Französisch, Schreiben und Geographie unterrichtet. Mit fünf Jahren beherrschte er die schwierige deutsche Schreibschrift. Eine Probe seines Könnens hat sich erhalten. „Liebe Großmama! Ich sage Ihnen daß ich schreiben kann. Franz", heißt es darin in ungelenken Lettern.

Bis zum siebten Geburtstag erhöhte man die Stundenzahl pro Woche dann sukzessive auf achtzehneinhalb. Ab dem neunten Lebensjahr erhält Franz Joseph rund vierzig Stunden Unterricht, und ein Dutzend Lehrer bemühen sich um den illustren Schüler. „Franzi" war – im Gegensatz zu seinen Brüdern – ein williges Opfer der ehrgeizigen Pläne von Eltern und Erziehern. Mit ungewöhnlichem Pflichtbewußtsein erfüllte er sein großes Programm, klagte nie, war fleißig und von einer Pünktlichkeit, die im Laufe der Jahre schließlich zwanghaft wurde. Seinem Bruder Maxi jedoch schrieb er: „Verzweiflung! Verzweiflung! Nicht viel Zeit. Vormittags muß man lernen, abends kommt die Großmama, so vergeht der Tag!"[39]

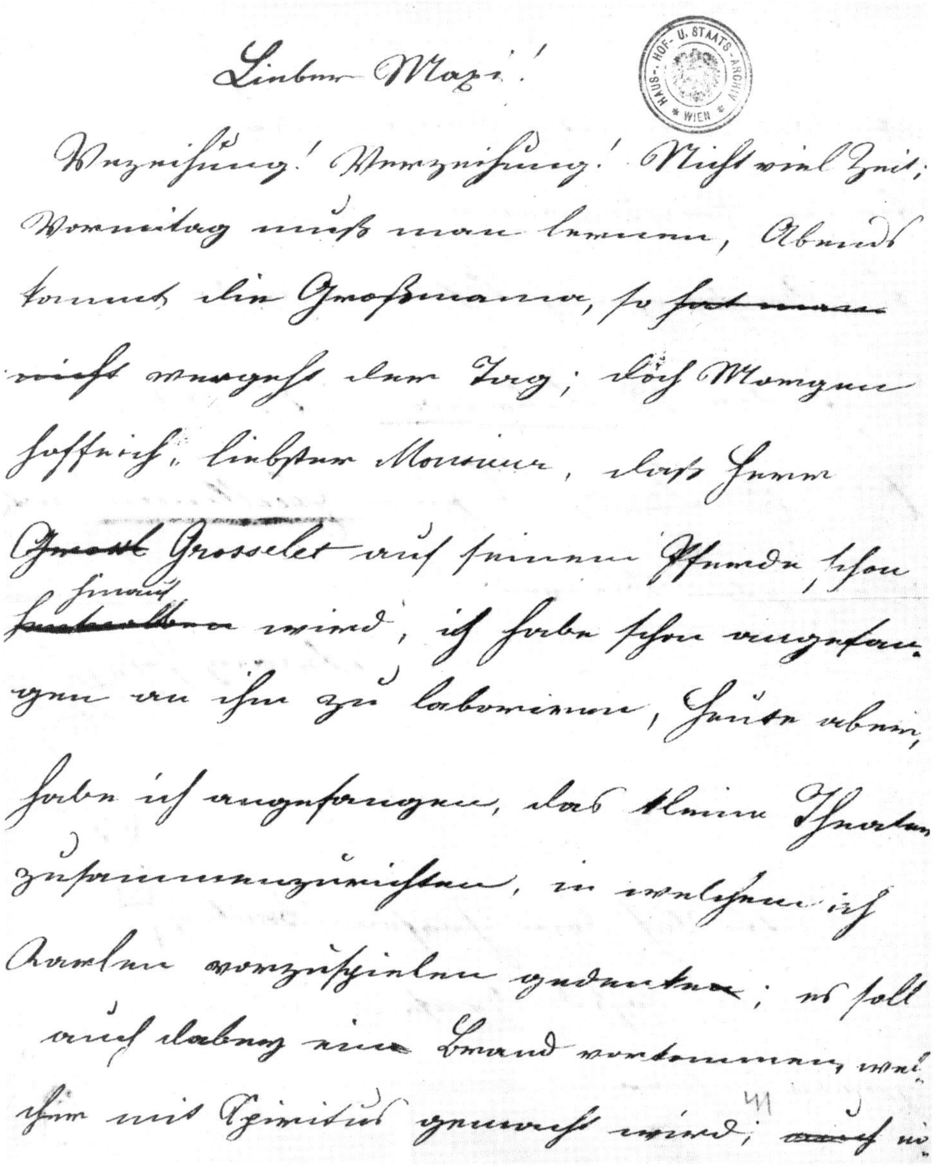

„Verzweiflung!
Nicht viel Zeit!":
Brief Franz Josephs an
seinen Bruder
Ferdinand Maximilian

Im zwölften Lebensjahr erhält „Franzi" bereits über fünfzig Schulstunden pro Woche. Zu den bisher gelehrten Sprachen Französisch, Ungarisch und Tschechisch ist Italienisch hinzugekommen. Das Kind muß auch jahrelang drei Musikstunden wöchentlich über sich ergehen lassen, obwohl es – im Gegensatz zu früheren Habsburgern – weder musikalisches Talent noch musisches Interesse zeigt.

Tonspuren:
Die Musikinstrumente
Franz Josephs.

Jeden zweiten Tag spricht man mit ihm nur Französisch. Früh lernt er Ungarisch. Selten äußert er sich näher über den Unterricht. Nur am 14. Oktober 1843 schreibt er:

Die Statistischen Lectionen des Herrn Fränzl unterhalten und intereßiren mich, doch die griechischen von Abbe Kis finde ich langweilig und uninterreßant; mir thut es auch leid, diese Sprache lernen zu müssen, da man meistens sagt, es sey unnöthig.

Franz Joseph gab damit seine eigenen Gedanken, aber auch die Gespräche seiner Umgebung wieder. Die verbitterten Äußerungen beweisen, daß man bereits vor 150 Jahren über die Sinnhaftigkeit des Unterrichts toter Sprachen diskutierte. Der Erzherzog erhielt wie die meisten Adeligen dieser Zeit Einzelunterricht und lernte deshalb nie das Leben in einer Schule kennen. Ein ehrgeiziger und sich der Ehre bewuß-

60

ter Lehrer gab dem anderen die Türklinke in die Hand, und alles, was sich sonst auf viele Schüler verteilte, konzentrierte sich auf einen einzigen. Jede Unaufmerksamkeit, jedes Abgleiten der Gedanken wurde sofort registriert. Wie folgende Tagebuchnotiz beweist, herrschte strenge Disziplin:

[…] war meine Aufführung nicht ganz gut. Ich war gegen Grf. Morzin ungehorsam. Er hatte mir verboten mit einem Lineale zu spielen, und ich spielte noch einen Augenblick fort.

Spaß mit Mitschülern und lustiges Treiben in den Pausen sollte Franz Joseph niemals kennenlernen. Unterricht – aber nur wenig Ruhe und Entspannung – wurde im Übermaß geboten. Das erstickte bald die natürliche Neugier des Jugendlichen. Franz Joseph hat seiner Natur gemäß nicht rebelliert, sondern resigniert. Er zeigte Abstumpfungserscheinungen und interessierte sich nur mehr für die militärische Ausbildung.

21. September

Wir ritten zum ersten Male wieder, und zwar auf der Reitschule und um 1 Uhr. Ich freute mich ungeheuer, wieder diese Übung betreiben zu können, und besonders als Dragoner Oberst.

Hettmann [sein Lieblingspferd] wurde auch in der ganzen Kavallerierüstung mit Schabraque vorgeführt. Abends um halb fünf Uhr fuhren wir mit dem Papa und der Mama zu Metternich, wo die ganze Familie mit Herrn und Damen, und die Bombelles eingeladen waren. Wir spielten anfangs, dann fand ein Gouter [Jause] statt nach welchem wir bey türkischer Musick ein wenig tanzten.

22. September

Um halb 1 Uhr war Exercieren und am Ende in Feuer. Gestern war Feldmanoeuver auf der Simmeringer Haide gewesen, wobey ein Zuschauer durch eine leere Patrone erschoßen wurde; er ging nahe an einer Planke vorüber aus welcher gefeuert wurde, der Schuß traf in die Arterie, und der Mann verblutete sich.

Stilübung: Franz Joseph in Uniform auf seinem Lieblingspferd Hettmann.

25.

*Um viertel auf neun fuhr ich [...] in Uniform nach Petzleinsdorf,[40] wo wir unsere Pferde
fanden und mit den Vettern den Feldmanoeuvern beywohnten. ich war stolz zum ersten
Maale zu Pferde, nicht in cognito, sondern, als k.k. österreichischer Oberst in Uniform
zu erscheinen. Das Manoeuver fiel ziemlich gut aus.*

*Amie:
Luise von Sturmfeder,
die „Aja" Franz Josephs.
Lithographie nach Eybl, 1850.*

27.

Die Amie[41] speiste bey uns. Seit einiger Zeit hatte ich das Abweichen, und ich durfte kein Obst essen, doch scheint es sich zu geben, heute aß ich auch schon Gefrorenes, und gestern Obst.

2. Oktober 1843

Ich bekam zum ersten Maale 20 Gulden als Monatsgeld wofür ich und meine Brüder uns die Handschuhe und die Hüte kaufen müssen.

In der Familie Franz Josephs pflegte man einen durchaus gutbürgerlichen Lebensstil: *[…] und aßen wir beym Richter von Lainz Erdäpfel[42]*

Verschwendungssucht war unbekannt. Vor allem bei Kleinigkeiten sparte man. So wurden Krawatten zum Ausbessern gebracht, was jeweils zehn Kreuzer kostete. Im Herbst, nach der Rückkehr in die Stadt, erschienen regelmäßig Schneider, Schuster und andere Dienstleute, um die Garderobe der kaiserlichen Kinder auszubessern und ihrem Wachstum anzupassen. Alltagskleidung trug man, solange es ging, besserte sie aus, änderte sie oftmals und schenkte sie dann der Dienerschaft.

Bescheidenheit galt als erstrebenswerte Tugend, und die Kinder hielt man zum Sparen an. Das sehr geringe Taschengeld besserte sich – wie in vielen Familien – durch Geschenke von Tanten und Onkeln auf. Im Laufe der Jahre wurde es auch etwas erhöht.

Bei offiziellen Anlässen wußte das Kaiserhaus jedoch durchaus zu repräsentieren, und Familienfeiern spielten im Jahresablauf eine wichtige Rolle.

3. October

Es wurde viel für meinen den 4ten stattfindenen Namenstag arrangiert; es sollte eine Fuchsjagd, und zwar mit den Knaben als Fuchs, stattfinden.[43]

4. Oktober 1843

Mein Namenstag und der des Papa. Ein freudiger Tag.

Um viertel auf neun Uhr kam ich zur Mama, wo ich ein Gewehr, um mit Kapsel auf die Scheibe zu schießen, drey Statuen aus Papiermasche und von den Vettern Zeichnungen erhielt. Um 9 Uhr ging ich in die Messe. Von halb 12 bis 1 Uhr schoß ich mit Unterbrechungen im Feldgarten auf die Scheibe. Um 1 Uhr ward es schlechtes Wetter. Wir speiseten beym Kaiser und von 4 bis halb 7 Uhr spielten wir, wegen schlechtem Wetter, mit den Knaben in der Gallerie.

*Familienwerte:
Gruppenbild des
österreichischen Kaiserhauses
im Herbst 1834.*

Der junge Franz Joseph konnte Freundschaften nicht nach Lust und Laune schließen. Bei den „Knaben" handelte es sich um die sorgfältig ausgesuchten Söhne adeliger Familien, die jeden Donnerstag und sonntags zum Spielen kamen. Während „Franzi" sie duzte, mußten ihn die „Knaben" mit Sie anreden. Trotz dieser protokollarischen Hürde wurde wild gerauft, was manchmal die Streichung eines Spieltages zur Folge hatte. An gleichaltriger Gesellschaft war bei Hof allerdings kein Mangel. Dafür sorgte die Nachkommenschaft der einzelnen Zweige der Familie Habsburg:

Es gab die „Karlischen", die „Rainerischen", die „Modeneser", die des „Palatins", die „Toskaner" und viele mehr. Alle kamen in periodischen Abständen in die Hofburg oder nach Schönbrunn, wo dann unzählige Kinder durch die Korridore tobten. Die sprunghaft anschwellende Dynastie der Habsburger ließ Erzherzogin Sophie düster in die Zukunft blicken: „Die Mehrzahl der Erzherzoge war während des Konzerts in der großen Galerie, gleichsam wie in Schlachtordnung entlang der Fenster aufgestellt. Es war fast erschreckend, das mitanzusehen, denn unwillkürlich fragt man sich, was einmal werden soll, denn alle wollen leben und eine Laufbahn haben."[44]

4. Oktober – Fortsetzung

Darauf wurde gutirt [gespeist], wobey Richard Metternich und Marko Bombelles die Parthei, gegen die Parthei des Albert Sambeci, für die Bälle arrangirten, ich trat nicht dazu, so wie auch Rudi Wrbna.[45]

Die Bandenbildung blieb nicht lange geheim. Fürst Metternich erfuhr davon und informierte Graf Bombelles. […] *Ich war sehr frohe nicht beygetreten zu seyn, da ich sehr Unrecht gethan hätte.*

Das Spitzelwesen, mit dem der Staatskanzler Fürst Metternich die ganze Monarchie überzogen hatte, funktionierte demnach hervorragend und nahm auch die kaiserliche Familie nicht aus.

5. Oktober

Die Lectionen welche gestern ausgeblieben waren, fingen wieder an.

Das Schuljahr Franz Josephs und seiner Brüder war in Semester geteilt, an dessen Ende schriftliche und mündliche Prüfungen standen, die an vier hintereinander liegenden Tagen abgehalten wurden.

14.

Wir gingen zur Abwechslung in den Prater spazieren […]. Wir repetiren viel in den Lectionen da am 25ten, 26ten, 27ten und 28ten Prüfung seyn wird.

*Starker Verkehr:
Eine Rückfahrt aus dem
Prater um 1845.
Lithographie.*

25. Oktober 1843

Fingen die Schriftlichen Prüfungen an, welche bey mir den ersten Tag gut ausfielen.

26. Oktober 1843

Waren wieder schriftliche Prüfungen, welche, bis auf die geschichtliche, die mittelmäßig war, gut waren.

27.

Nun fingen mit schrecklichen Ängsten die mündlichen Prüfungen an, welche gut ausfielen.

28.

Waren wieder mündliche Prüfungen, welche gut ausfielen, und damit waren die Prüfungen geendet. Ich war froh nun von so vielen Ängsten befreyt zu seyn. Doch nun muß ich wieder wacker an das Studieren gehen. Nachdem die Prüfungen um 1/2 1 Uhr geendet waren, ritt ich mit dem Gfn. Bombelles spazieren. Wir speiseten beym Kaiser, und Abends producirte sich bey uns ein Mann, mit gelehrten Vögeln und einem Wurstltheater.

Ob Dr. Johann Hoffer, der Deutsch, Herr Doré, der Französisch, Abbe Kiss, der Griechisch und Ungarisch lehrte, zusammen mit den anderen Professoren Prüfungen im Stil des bekannten und belächelten „Erzherzogprüfen" veranstalteten, ist nicht bekannt. Auf jeden Fall wußten sie Franz Joseph und seine Brüder von der Bedeutung der Examen zu überzeugen. Die Prüflinge bekamen auch Zeugnisse überreicht.[46]

Im „hypermodernen Stil": Eigenhändige Zeichnung Franz Josephs als Geschenk für seinen Lehrer Hippolyte Doré.

30. Oktober 1843

Wir hatten wegen den gut ausgefallenen Prüfungen frey.

Wie auch immer die jährlich zweimal abgehaltenen Examen ausfielen – manchmal strich man „Maxi" wegen schlechter Zensuren einige Vergnügungen –, im Anschluß daran versammelten sich Lehrer und Schüler zum traditionellen Prüfungsdiner und bis Allerheiligen (1. November) gab es kurze Herbstferien.

31. Oktober 1843

Wir hatten wieder frey und machten eine Visite beym Onkel Carl[47] *und beym Kaiser. Wie doch die Zeit lange vorkömmt wenn man keine Lectionen hat; doch war meine Auf-führung [Benehmen] glücklicher Weise ziemlich gut.*

Fast klingt es, als ob der junge Erzherzog sein tägliches Pensum vermisse. Halbherzige Bemerkungen dieser Art dürften aber für die Mama bestimmt gewesen sein, die – in nach heutigen Begriffen indiskreter Art – regelmäßig in „Franzis" Tagebuch Einsicht nahm. Seit Franz Joseph über eigene Einkünfte in Form eines monatlichen Taschengelds verfügen konnte, mußte er für seine Mutter auch ein eigenes „Haushaltsbuch" führen, das ebenfalls genau kontrolliert wurde.

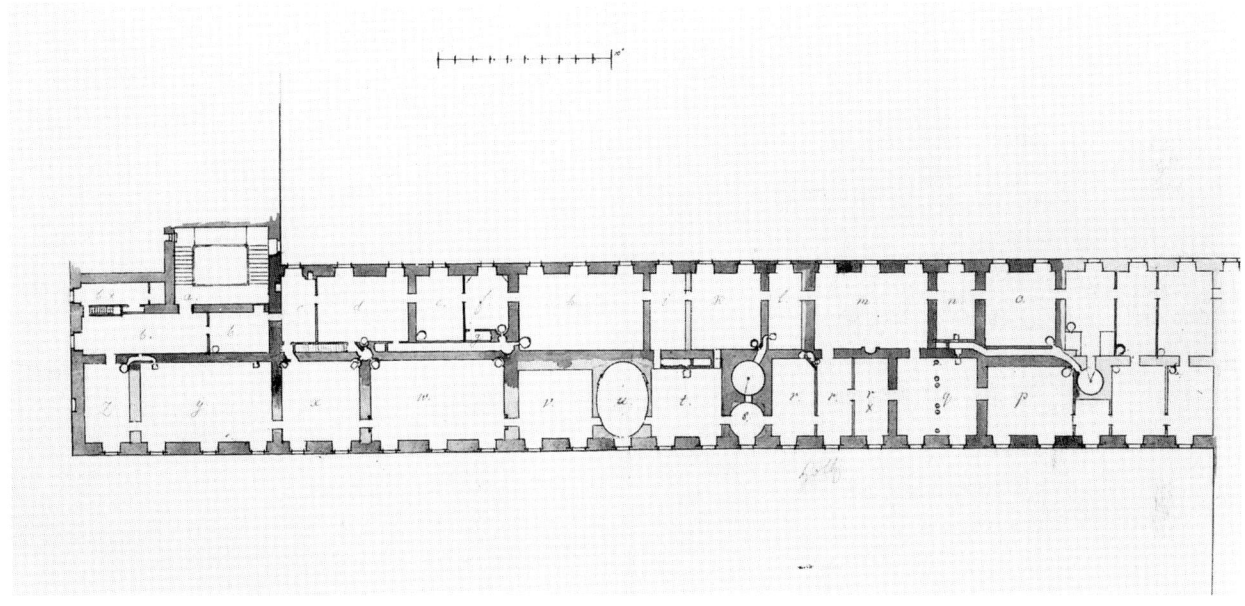

Im Gegensatz dazu blieben die Tagebücher der Erzherzogin Sophie bis zum heutigen Tag weitgehend ungelesen, da die über hundert kleinen Büchlein in französischer Sprache nur mittels Lupe zu entziffern sind und aus diesem Grund noch immer der Publikation harren.[48] Erzherzogin Sophie hinterließ auch eine umfangreiche Korrespondenz. Vor allem ihrer Mutter hat sie täglich nach Bayern geschrieben. Sie berichtete der geliebten „Mamina" alle Kümmernisse und Freuden des Alltags, redete sich ihre Sorgen von der Seele, prahlte ein wenig mit den Kindern und fragte um Rat. Erst als ihr der Tod Königin Karolines von Bayern im Jahre 1841 diese wichtige Stütze raubte, begann Sophie ihre regelmäßigen Tagebuchaufzeichnungen – und hielt auch gleich ihre Kinder dazu an: Franz Joseph führte schon 1839 ein „Tagebuch unsrer kleinen Gebirgsreise".[49] Auch Ferdinand Maximilian[50] und Karl Ludwig[51] mußten ihre täglichen Erlebnisse niederschreiben.

„Ein Zimmer in gerader Linie hinter dem anderen":
Der Grundriß der Appartements der Eltern Franz Josephs in der Wiener Hofburg.

71

Wandschmuck: Bilderzimmer Erzherzogin Sophies. Gemälde A. Frenzel, 1850.

31. Oktober – Fortsetzung

Wir fuhren auch mit Papa und Mama die Giraffe ansehen; es intereßirte mich sehr ein so schönes so edles, mir unbekanntes, und so rein gehaltenes Thier zu sehen.

Die Ankunft eines exotischen Tieres erregte im biedermeierlichen Wien stets größtes Aufsehen. So war es schon 1828 gewesen, als die erste Giraffe – ein Geschenk des Vizekönigs von Ägypten – in Schönbrunn eintraf. Der edle Spender versandte damals mehrere Tiere nach Europa. Während die Wiener in Scharen in den Zoo strömten und zur Dekoration von Tapeten und Geschirr mit Giraffenmotiven inspiriert wurden, löste die Ankunft der Giraffe „Zarafa" – nach zweieinhalbjähriger, 7.000 Kilometer weiter Reise – in Frankreich eine Massenhysterie aus. Die Damen trugen Frisuren „à la giraffe", die Herren „Giraffique"-Hüte, es gab „Zarafa-Soireen" und man benannte Gassen und Plätze nach dem schönen Tier. Zarafas Ruhm verblaßte mit den Jahren. Doch sie lebte, wohlbetreut von dem aus Afrika mitgekommenen Pfleger, noch bis 1845, während ihrer Wiener Verwandten nur ein kurzes Leben beschieden war. Auch die von Franz Joseph bewunderte und im Prater untergebrachte Giraffe lebte nur zwei Jahre.

Schon nach dem Abschluß der Prüfungen und dem Einbruch der kalten Jahreszeit waren der Hof und die kaiserliche Familie in die Stadt, das heißt in die Hofburg, zurückgekehrt. Während die Bagagewagen das Gepäck transportierten, ging man zu Fuß. Der Marsch dauerte über zwei Stunden.

29. Oktober 1843 – Sonntag

Nachdem wir beym Kaiser gespeiset hatten, zogen wir zu Fuße in die Stadt. Man spazierte dabei entlang der sogenannten Mariahilferlinie, die im selben Jahr eine Gasbeleuchtung erhalten hatte. *Es freute mich nicht besonders in die Stadt zu kommen, doch verließ ich auch nicht ungern Schönbrunn, wo schon alles traurig und kalt war. Der Kaiser zieht Dinstag und die Kaiserinn Mutter Morgen in die Stadt.*

Mit Franz Joseph bedauerten auch die anderen Habsburger lebhaft, nach Wien zurückkehren zu müssen. Keiner wohnte gern in der engen, altmodischen Hofburg, wo es erst seit 1842 Gasbeleuchtung in den Gängen gab und die Sanitäranlagen mehr als primitiv waren. „Es ist zum Verrücktwerden", klagte Erzherzogin Sophie, die als erste ein modernes englisches Wasserklosett installieren ließ, „die Wohnungen in der Burg haben so wenig Nebenzugänge und ein Zimmer liegt immer in gerader Linie hinter dem anderen."[52] Trotz aller Nachteile trachtete jedes Mitglied der Familie Habsburg – und auch ihre Angestellten – schon aus Prestigegründen danach, eine Wohnung am Kaiserhof zu bekommen und zu behalten. Um die einzelnen Zimmer wurde erbittert gestritten. Starb jemand, dann versuchten die anderen Familienmitglieder, ihre Zimmerflucht zu erweitern. Wer die besseren Argumente hatte, siegte.

Seit seinem sechsten Lebensjahr besaß Erzherzog Franz Joseph seinen eigenen Haushalt, dem die „Aja" Baronin Louise Sturmfeder vorstand. Die Räume der burghofseitig im Leopoldinischen Trakt gelegenen „Kindskammer" waren eng und keineswegs ideal. „[…] es ist ein recht gutes Etablissement, stünde es nur nicht in so genauer Verbindung mit dem Ankleidezimmer des Erzherzogs [Franz Karl], daß ich mir alle Mühe geben muß, um nicht zu hören, was er mit seinen Leuten spricht, und so nah, das heißt so direkte über dem Retirade [WC-Anlage] der Wachstube, daß ich oft vor Geruch nicht existieren kann […]."[53]

Ab 1836 bekam Franz Joseph dann ein eigenes „Kronprinz-Appartement". „Durch allerhöchsten Befehl Seiner Majestät [Kaiser Ferdinand I.] muß ein Theil des vormahligen Wohnapartements seiner Höchstehemaligen Majestät [Kaiser Franz I.] im 2. Stock des Schweizerhofes […] zur neu errichtet werdenden Kammer des jungen durchlauchtigsten Erzherzog Franz Joseph verwendet werden, worin […] folgende Veränderungen […] nothwendig werden […] Neben der Herstellung irdener Öfen und der Anbringung neuer Winterfenster […] die Abtheilung […] des

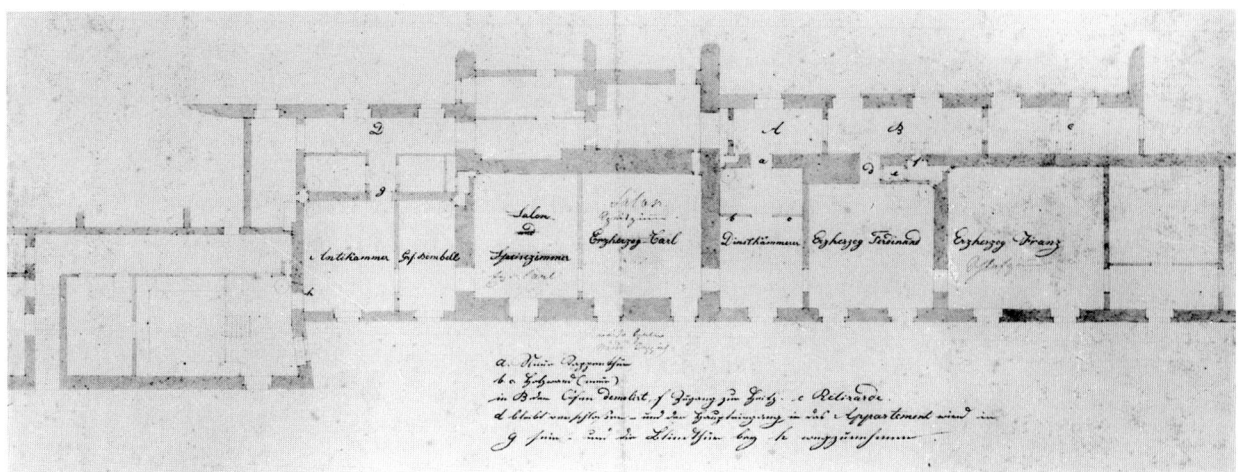

Gardezimmers […] zur Erziehlung eines Zimmers für den Erzieher und für die Unterkunft der Leiblakayen zur Nachtzeit […] die Aufstellung eines divanartigen Bettes für den Kammerdiener, welcher in dem ersten Studierzimmer zu schlafen hat, und dieses Einrichtungsstück gehörig zu maskieren […] die Meublierung sollte zweckmäßig sein."[54] Das Personal bestand aus einem Kammerdiener (dem schon erwähnten Legrenzi), einem Kammerjungen, zwei Leiblakaien, einem Zimmerputzer, einem Hausknecht und einem Kammerweib. Vorstand der „Kammer" war ab 1836 der „Ajo" Heinrich Graf Bombelles. Ihn unterstützten der strenge Johann Alexander Graf Coronini-Cronberg und Timotheus Graf Ledochowski.

1. November

War Allerheiligen. Papa und Mama führten mich Abends in das Burgtheater, wo die Reise nach der Stadt gegeben wurde.[55]

3. November

Besuchten wir den Grfn. Ledochowsky in seiner neuen Wohnung in der Jägerzeil. Abends beichtete ich. Schon lange war mir dieses Glück nicht zu Theile geworden. Mit großer Freude und sehr erleichtert stand ich von der Beicht auf. Karl beichtete zum ersten Maale, und es rührte den Guten sehr, da er sehr weinte.

„Schwach im Talente": Erzherzog Karl Ludwig, jüngerer Bruder Franz Josephs. Lithographie nach einem Gemälde von Einsle.

4. November

Kommunizierte ich um halb 8 Uhr allein in der Josephikapelle[56] Oh welche Vorsätze machte ich, als ich den Herrn empfangen hatte, wie betete ich, daß wieder einmal ein Winter ohne Ängsten vorbey gehe. Da der Namenstag von Karl war, kamen Abends die Knaben [zum Spielen] und wir unterhielten uns sehr gut.

Karl Ludwig (1833–1896), der dritte Sohn von Erzherzog Franz Karl und Erzherzogin Sophie, nahm neben seinen älteren Brüdern und „Hetzi", dem verwöhnten Jüngsten,

*Trennungsschmerz:
An seinem Erzieher
Thimotheus Graf Ledochowski
(1792–1846) hing
Franz Joseph besonders.*

eine untergeordnete Stellung ein. Er war „schwach, sehr schwach im Talente", wie seine Mutter gestand, und neigte schon früh zur Bequemlichkeit. Seine spätere Tätigkeit als Repräsentant des Kaiserhauses bei unbedeutenden Gelegenheiten trug ihm den Namen „Ausstellungserzherzog" ein. Karl Ludwig interessierte sich weder für die Politik noch für das Militär, und er verabscheute die Jagd. Er liebte die Gebirgsgegend um Reichenau an der Rax, wo er den Großteil seines Lebens verbringen sollte. Auf einer Pilgerreise ins Heilige Land trank Karl Ludwig Jordanwasser, infizierte sich dabei und starb wenig später (1896) nach seiner Heimkehr in Wien.[57]

Mit offener Kritik hält sich Franz Joseph in seinen Aufzeichnungen sehr zurück. Aus kleinen Nebenbemerkungen ist jedoch sehr wohl ersichtlich, wen er mochte und wen nicht. Für seinen „Secundo Ajo", den Grafen Ledochowski, der ihn nur ein Jahr lang betreute, empfand er eine tiefe und rührende Zuneigung. Die entsprechenden Äußerungen ziehen sich durch das ganze Tagebuch. Zum besseren Verständnis sind sie unchronologisch zusammengefaßt: […] *der Graf Ledohowsky nahm Abschied von uns, da er sich wegen seiner Gesundheit zurückziehen wird. Er wohnt noch in der Burg, doch wird er später in der Jägerzeil [Praterstraße] wohnen.*[58] Aus den Briefen der Mutter geht hervor, daß Franz Joseph damals bitter geweint hat. Er blieb dem Erzieher jedoch weiterhin mit einer für einen 13jährigen erstaunlichen Treue und Anhänglichkeit verbunden. Auch Ledochowski besuchte bis zu seinem Tod im Jahre 1846 regelmäßig seinen Schützling.

10. October

Der Grf. Ledochowski speiste bey uns, was mich ungeheuer freute […].

12. October

Grf. Ledohowsky kam auf die Reitschule. Es thut mir jedesmal leid, wenn ich ihn wiedersehe, von ihm zum Theile getrennt zu seyn.

Bald darauf entschloß sich Franz Joseph, dem verehrten Lehrer ein ganz persönliches Geschenk zu machen.

Ich will nun ein Buch von 6 Blättern, mit sechs von meinen Zeichnungen füllen und es dem Grafen Ledochowsky dediciren und schenken.

15. November 1843

St. Leopoldstag, und also Namenstag des Vetters Leopold, wir speisten beym Kaiser, und Abends zeichnete ich sehr viel in dem, für den Grfn. Ledochowsky bestimmten Zeichenbuche. Heute geschah es zum ersten Maale, seit meiner Beicht, daß ich gegen die Brüder mich stark verfehlt hätte. Ich verklagte nehmlich den Karl, der gegen den Charli Bombelles aus Unversehen über die Finger gepeitscht hatte, beym Grfn. Morzin und schlug ihn mit der Peitsche.

Die Erkrankung des geliebten Erziehers hat Franz Joseph weiterhin sehr beschäftigt.

23. November

Der Graf Ledochowsky kam zu uns, und ich fand ihn sehr schlecht aussehen, ich fürchte, doch sage ich es nur als ganz leise Furcht, daß er sich, wenn sein Zustand sich verschlimmert, erschießen wird, denn er schont sich nicht, will kein Mittel mehr anwenden, und spricht sehr verzweifelt über seinen Zustand. Das fiel mir auf.

Franz Joseph arbeitete eifrig an dem Skizzenbüchlein und stellte es bald fertig.

1. Decemb.

Brachte ich dem Grfn. Ledochowski das, für ihn bestimmte, Zeichenbuch; er freute sich sehr.

Mit Ledochowskis Nachfolger, Baron Franz Gorizutti, hat sich Franz Joseph sofort anfreunden können. Schon bei der ersten Begegnung am 17. November 1843 schreibt er:

Der Br. Gorizutti, welcher statt dem Grfn. Ledochowsky zu uns kömmt, war diese Tage, so wie auch heute bey uns, doch noch nicht im Dienste. Er ist Major im Generalstaabe, und es scheint mir er wird streng seyn; doch auch recht gut.

Graf Bombelles, den „Primo Ajo", mochte Franz Joseph jedoch nicht. Er fand nie ein freundliches Wort für ihn und beschrieb ihn auf unpersönliche Weise. Es kam auch immer wieder zu Reibereien.

28. November 1843

Hatte ich mit dem Grfn. Bombelles auf der Reitschule einen Anstand, es hatte ihm nehmlich der Max aus Angst überritten zu werden auf der verkehrten Seite ausgewichen, und als ihn darüber der Grf. Bombelles ausmachte, sagte ich: ich hätte es auch getan.

Während Franz Joseph mit dem kranken Ledochowski litt, ihn wöchentlich aufsuchte und sich um ihn sorgte, berührten ihn die Leiden Bombelles nur wenig.

28. September 1844

Graf Bombelles bekam heute den Hexenschuß, so daß er zusammenstürtzte und nun mit starken Schmerzen zu Bette liegt.

Richtig abgelehnt hat Franz Joseph nur den Erzieher Graf Karl Morzin, und es ist für seine zurückhaltende Art ungewöhnlich, daß er daraus kein Hehl macht und ihn oft provoziert.

19. November 1843

Beym exerciren war der Grf. Morzin wieder böse gegen mich, ich hatte nehmlich wie gewöhnlich mit der Armbrust das Glas der Kerze zerschoßen. Er wurde darüber so böse, daß er mir die Armbrust aus der Hand riß und mich vor den Knaben auszankte.

Klatsch und Tratsch interessierte Franz Joseph schon sehr früh. So berichtete er mit sichtlichem Vergnügen eine Episode aus dem Hause Metternich[59]:

Abends war wieder, wie immer im Winter Exerciren. Ich erfuhr dabey von Rudi Wrbna, warum der Abbe Grosset von den Metternichs, von dort weggekommen ist. Er hatte nehmlich schon öfter den Hrn. Karl, den Hofmeister des Paul Metternich bey der Fürstinn verleumdet, worüber ihm dieser Vorwürfe machte. Der Abbe bat weinend Hrn. Karl um Verzeihung. Dieß sahen die Stubenmädchen der Fürstinn, sagten es dieser, wel-

che den Abbe furchtbar ausmachte und ihn wegschickte. Ich kann diese Geschichte doch nicht ganz glauben.

Der 70jährige Fürst Metternich war damals bereits in dritter Ehe verheiratet. Der große Altersunterschied (32 Jahre) zwischen ihm und seiner Gattin Melanie, geb. Gräfin Zichy, verführte Besucher gelegentlich zu der irrigen Annahme, daß der Staatskanzler der Schwiegervater von Melanie sei. Die Ehe war jedoch allem Anschein nach sehr glücklich. Fürstin Melanie hörte gerne zu, unterstützte kritiklos die Politik des Gatten und munterte ihn auf. Bei Empfängen im Hause Metternich thronte sie wie eine Kaiserin auf dem berühmten Kanapee. Sie besaß auch Humor, denn sie ersteigerte für ihren Mann jenen Schreibtisch, an dem Wilhelmine von Sagan ihre Liebesbriefe an Metternich verfaßt hatte. Die Kinder Metternichs aus dieser Ehe, Melanie, Paul Klemens und Lothar, zählten zu den Spielgefährten Franz Josephs.

10. December – Sonntag

Kam zum ersten Maale der Ernst Hojoß zum exerzieren.

Mit dem gleichaltrigen Ernst Karl Graf Hoyos-Sprinzenstein teilte Franz Joseph nicht nur die militärischen Neigungen, sondern auch die Vorliebe für Zeichnen und Malen.[60]

12. December 1843

Gegen die Schildwache welche an der Laimgrube vor den Stallungen steht, wurde eine abscheuliche That verübt.: Um 7 Uhr Abends gestern, kam ein Mensch rauchend vorbey, die Schildwache verbot ihm dieses natürlich, doch er blies ihr einen Mund voll Rauch ins Gesicht, der Soldat riß ihm die Pfeife aus dem Munde und zerbrach sie. Der Mann ging drohend weg. Den anderen Tag um 1/2 5 Uhr frühe, stand der selbe Mann auf der Wache, es kam der Mensch wieder, wollte ihr zwey Zwanziger geben, was sie nicht nahm. Darauf schoß der Mensch mit einer Pistole dem Soldat durch den Schenkel, welcher auch zusammenstürzte. Der Mensch war aber verschwunden.

Franz Joseph und seine Brüder kamen nur selten mit der rauhen Wirklichkeit in Berührung. Abgeschirmt und realitätsfern verkehrten sie ausschließlich in Hofkreisen. Mit Bürgerlichen wurde kein gesellschaftlicher Umgang gepflogen, und es bot sich auch

Garnisonsszenen:
Signierte Zeichnungen Franz
Josephs aus dem Jahr 1843.

– außer zu den nichtadeligen Lehrern – keinerlei Gelegenheit zu Kontakten. Selbst banale Tagesereignisse, wie die Schildwachenepisode, hat man den jungen Erzherzögen vorenthalten. Dadurch bekamen sie den Reiz des Verbotenen und wurden äußerst interessant.

13. December

Gingen wir auf den astronomischen Thurm und sahen den kleinen und schwachen Kometen.

Die k.k. Sternwarte in Wien gab dazu folgende Stellungnahme ab: „Der von Fage in Paris entdeckte Komet wurde den 10. December Abends auch auf der hiesigen k.k. Sternwarte beobachtet [...]. Der Komet hat einen verhältnismäßig großen Lichtschweif von etwa 8 Bogen-Minuten Länge und einen deutlichen Kern, weßhalb er schon durch mäßige Fernröhre leicht zu erkennen ist.“[61]

17. Sonntag

Hielten wir nach dem Exerzieren die Probe unseres Carousels, einer reitet auf dem Rücken des anderen. Es wurden schöne Costums gemacht. Ich bin Tambour. Um 8 Uhr Abends war Concert bey der Mama. Es sang und declamirte Herr Baumann.[62]

18.

War ich eitel bey Tisch, ich bildete mir auf meine Kentniße in der Geographie etwas ein, wurde aber vom Grfn. Coronini ausgemacht [ermahnt]. Auch beym Turnen war ich ausgelaßen [...].

21.

[...] *Es werden schon viele Vorbereitungen auf den heiligen Abend gemacht. Ich will mir auch durch eine recht gute Aufführung die vielen Geschenke, die ich an diesem Tage erhalte, verdienen.*

24. December – Sonntag

Ist der glückliche Weihnachts Abend. Es kam auch der Prinz Weimar zu unserem Baume. Ich erhielt von Papa und Mama zwey Zeichnungen von Ruß, den Brand von

Lichterfest: Weihnachtsgeschenk der Eltern an den dreizehnjährigen Franz Joseph (Der Brand von Moskau).

*Herrschaftstheater:
Michaelerplatz, Blick
auf das Burgtheater.
Nach einem Aquarell von
Rudolf von Alt.*

*Moskau v. Albrecht Adam aus München[63] und einige Lithographien. Von Großmama
die Schlacht von Kolin[64] von Ruß die noch nicht fertig ist.*

25.

*Ist Max krank, er hat eine Art Ruhr. Es ist schade, daß er die Feyertage im Bette zubrin-
gen muß. Wir schnitten abends alle Sachen vom Weihnachtsbaume ab.*

26.

Ist Max viel beßer. Papa und Mama führten mich in Wilhelm Tell im Burgtheater.

3. Januar 1844

Zeigen sich die Schafblattern bey mir.

4. –

5. –

6. Hatte ich die Schafblattern immer fort und

7. Sonntag – war dabey im Bette bey Fieber.

9.

Gestern bin ich zum ersten Male wieder aufgestanden.

16.

Sah ich nach langer Trennung, wegen den Blattern, den kleinen Ludwig. Ich weinte bey der Mathematik Lection, eine große Schande für mich. Max und Karl legten sich mit den Schafblattern.

17.

Kaum aufgestanden, mußte ich mich wieder legen, ich bekam das Fieber mit Kopfweh.

28. Januar – Sonntag

Fuhr ich wieder zum ersten Male aus.

Franz Joseph und seine Brüder litten unter „Windpocken" oder „Schafblattern". Im Unterschied zu der gefürchteten und meist tödlich verlaufenden Pockenerkrankung waren sie harmlos. Gegen die gefährliche Variante hatte man sie – wie es seit Maria Theresia im Erzhaus üblich war – einer allerdings sehr schmerzhaften Impfung unterzogen. Im April erkrankte Franz Joseph neuerdings. Bald vermutete man Scharlach und traf entsprechende Maßnahmen. „Man fürchtet, daß der Franzi

Kinderstube: Franz Joseph mit den Geschwistern Ferdinand Max, Karl Ludwig und Maria Anna. Lithographie von J. Kriehuber, 1838.

Scharlach bekommt. Zur Vorsorge bin ich Nachmittags in den rothen Saal geschickt worden und habe dort geschlafen", berichtete sein Bruder Karl Ludwig am 13. April 1844.[65] Schon am 14. April hatte man Gewißheit: „Heute hat sich der Scharlach entschieden ausgesprochen. Wir sind in der Früh mit dem kleinen Ludwig in den ersten Stock gezogen und bleiben nun von der Mama geschieden. Der Maxi geht zwar Früh und Abends zur Mama, weil er den Scharlach schon überstanden und folglich keine Ansteckung mehr zu fürchten hat; aber ich darf die Mama nur im Prater und auf dem Gang von Weitem sehen", klagte Karl Ludwig.

Daß zwischen Ansteckung und Ausbruch der Krankheit eine Inkubationszeit lag, war damals noch unbekannt. Immerhin wußte man von der großen Ansteckungsgefahr bei Scharlach und hat die Kranken abgesondert. Der Stand der Medizin unterschied sich in der Biedermeierzeit nur wenig von dem gegen Ende des 18. Jahrhunderts. Im Gegensatz zu Allgemeinheit genossen Franz Joseph und seine Brüder das zweifelhafte Privileg einer intensiven ärztlichen Betreuung. Willig beugte sich die kaiserliche Familie dem Diktat der Ärzte, die eine wahre Schreckensherrschaft ausübten. Auf ihre Anweisung hin mußten bei Krankheitsverdacht die Fenster geschlossen, jeder Kontakt mit frischer Luft mußte eingestellt und auf Bäder verzichtet werden. Dann folgte das übliche Repertoire: Blutegel, Klistiere, Aderlaß und Umschläge. Kaiser Franz I. war bei seiner tödlich verlaufenden Lungenentzündung achtmal zur Ader gelassen worden, weil „sein Blut rauchte" und man glaubte, „das schrecklich entzündete Blut teilen" zu müssen. Franz Joseph zog man frühzeitig alle gesunden Milchzähne, in der Annahme, daß sich die zweiten Zähne dann besser entwickeln könnten. Annas[66] epileptische Anfälle wurden von dem berühmten Internisten Dr. Malfatti, der bereits Beethoven behandelt hatte, belächelt und als Zahnfleischfieber diagnostiziert. Anna starb als Fünfjährige. Bei Schlaganfällen – *Erschrecken als die Cousine Marie mit schiefem Munde und lallend zu unserem Frühstück kam –*[67] gab es nur Bettruhe und die Hoffnung auf Besserung. Franz Joseph schrieb recht illusionslos über den Hausarzt Dr. Zangerl: *Der kleine Ludwig hatte eine schlechte Nacht und brach*

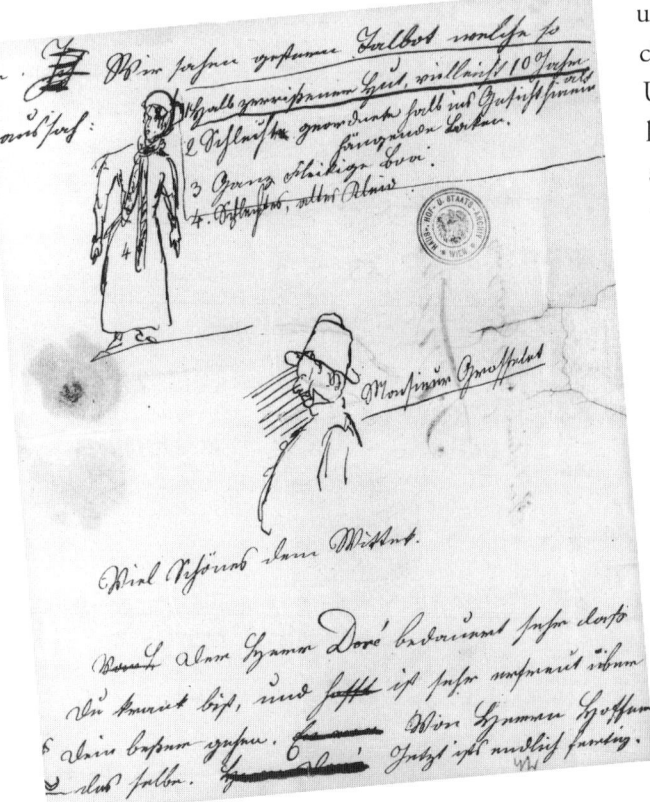

Krankengeschichten: Brief Franz Josephs an den kranken „Maxi".

infolge der Menge von Medizinen, die ihm Dr. Zangerl einstopfte, mehrmals. (20. November 1844)

Die Angst vor dem bei Kindern weitverbreiteten Keuchhusten – *hatte Karl einen bellenden Husten* – war groß, und man rieb Franz Joseph und seinen Geschwistern fürsorglich die Magengrube mit Butter, der man Muskat beigemengt hatte, ein.

24. Februar 1844

Ich werde nun bald meine Körperzeichnung bey Oberfeuerwerker Cibulz fertig haben und die eigentliche Situationszeichnung anfangen.

28. Februar

Seit einiger Zeit geht das geometral zeichnen weniger gut. Ich weiß nicht recht woher es kömmt.

Während seiner Scharlacherkrankung blieb Franz Joseph dann über vier Wochen lang isoliert, Erzieher und Mutter teilten mit ihm die „Karantaine".

16. April 1844

Diese ganze Zeit habe ich aus Nachläßigkeit nichts geschrieben […] den 13. März erkrankte ich am Scharlach ich laße diese Periode ganz aus, da ich in derselben nicht schreiben konnte. Am 19. wo es mir schon recht gut ging kam der Graf Coronini aus Görz, man hatte ihn mittels Stafette holen laßen. Am 21 stand ich auf […].

In einem Brief an „Maxi" berichtete Franz Joseph: „Lieber Maxi! Verzeihe daß ich noch keine Zeichnung geschickt habe aber alle diese Tage war ich wirklich nicht dazu aufgelegt, wenn ich mich auch hinsetzte, so ging es nicht! und nichts schlechtes will ich Dir auch nicht schicken […]."[68]

1. May

[…] ich mahle jetzt mit dem Herrn Cibulz Körper nach der Natur, und da ich täglich zwey Stunden habe, so geht es sehr schnelle und ich mache viele Körper. Auch die Herrn Löschner und Fränzl [Lehrer für Statistik] kommen da sie nicht mit den Brüdern in

Berührung kommen. Diese sind gleich wie ich krank und wurden in die Zimmer unter uns gebracht worden. Auch Hezi befindet sich daselbst. Heute geben Papa und Mama dem Hofe ein Diner im Pratergarten um halb vier Uhr.

Die Quarantäne dürfte demnach weder konsequent noch streng gehandhabt worden sein.

Ich glaube und mein inneres sagt es mir daß ich während der Krankheit ziemlich brav war. Wie viel Dank bin ich dem Br. Gorizutti und als dieser durch den Grfn Coronini abgelöst wurde, dem letzteren schuldig, für ihre gute Pflege.

3. May

Doctor Türkheim kömmt jetzt seltener. Mir geht es immer beßer. Was mich sehr freut ist, daß Grf. Coronini mir das Zeugniß gab, daß er recht zufrieden mit mir ist.

4.

Ich sehe Maxi öfter, auf eine Zimmer Dystanz. Ich unterhalte mich recht gut. Ich bemerke, daß mich gewiße Sachen, die mich sonst wo ich viel Unterhaltung habe, nicht ansprechen würden, jetzt wo ich wenige Unterhaltung habe sehr freuen.

Zu diesen „gewißen Sachen" gehörte ein lustiger Briefwechsel mit den Brüdern, denen „Franzi" schreibt:

„Impertinente Kreaturen!
Wie habt Ihr Euch unterstehen können, nicht Nachfrage zu führen, wie sich meine Hoheit befindet. Ich lasse mich herab, Euch Impertinenten zu sagen, daß ich ganz bläulichrot bin, mich ganz gut befinde und Euch in Gnaden gewogen bleibe. Dem Prinzen Hetzius melde ich mit hoher Gewogenheit meinen Respekt und schicke ihm ein Bußl. Der mit Eurer Impertinenz Unzufriedene – Erzherzog Franz Joseph
Mit Herablassung gegeben auf Unserem Bett den 15ten des Ostermonates n. Chr. G. anno 1844."
Anschrift: „An diejenigen, die unter Uns wohnen. [mit Wappensiegel versiegelt.), die nicht genug Mitleid mit „Ihrer bläulich-roten Hoheit" zeigten. Franz Joseph zeichnet mit „sich herablassend auf Unserem Bett".[69]

10.

Die Karanttaine wegen mir dauert schon lange und ich sehne mich besonders nach dem lieben Hetzi.

19. Sonntag

Kam Dr. Türkheim wie bisher immer zwey Mahl in der Woche, und bestimmte, daß ich morgen baden und dann aus der Karantaine kommen könnte. Dieß freute mich einerseits, nehmlich weil ich wieder die Brüder sehen könnte, anderseits aber thut es mir leid dieses stille Leben mit Papa Mama Grf. Bombelles und meinem theueren Grfn. Coronini diese angenehmen Zeichenstunden mit Cibulz[70] aufgeben zu müssen, um in die rauschende Welt hinaus, zu gehen, um mich strengeren Studien in die Arme zu werfen. Leider reist Grf. Coronini auch auf 3 Wochen nach Gräz ab, und so verliere ich einige Zeit diesen treuen Freund, diesen so sichern Führer, gerade in einem Augenblick wo er mich sehr unterstützen könnte.

„An diejenigen, die unter uns wohnen": Brief Franz Josephs aus der Quarantäne, 1844

Zeichenübung: Zeichnung Franz Josephs, 1838

Zeichnen in allen Variationen hat „Franzi" stets interessiert, so daß der Schlachtenmaler Johann Nepomuk Geiger als Lehrer gewonnen wurde. Dieser berücksichtigte die Interessen seines Schülers, ließ ihn hauptsächlich Militärszenen malen und sparte nicht mit Lob. Die sicherlich vorhandene Begabung Franz Josephs wußte er den stolzen Eltern gegenüber maßlos zu übertreiben. Tatsächlich verraten vor allem Franz Josephs Karikaturen ein beachtliches Talent und waren in der Familie sehr begehrt. „Auftragsarbeiten" wurden gerne übernommen: „Lieber Maxi! Verzeihe, daß ich gestern nicht geschrieben habe, aber ich zeichne so viel an Deinen Pferden, daß damit fast alle meine freye Zeit ausgefüllt wurde [...]."[71]

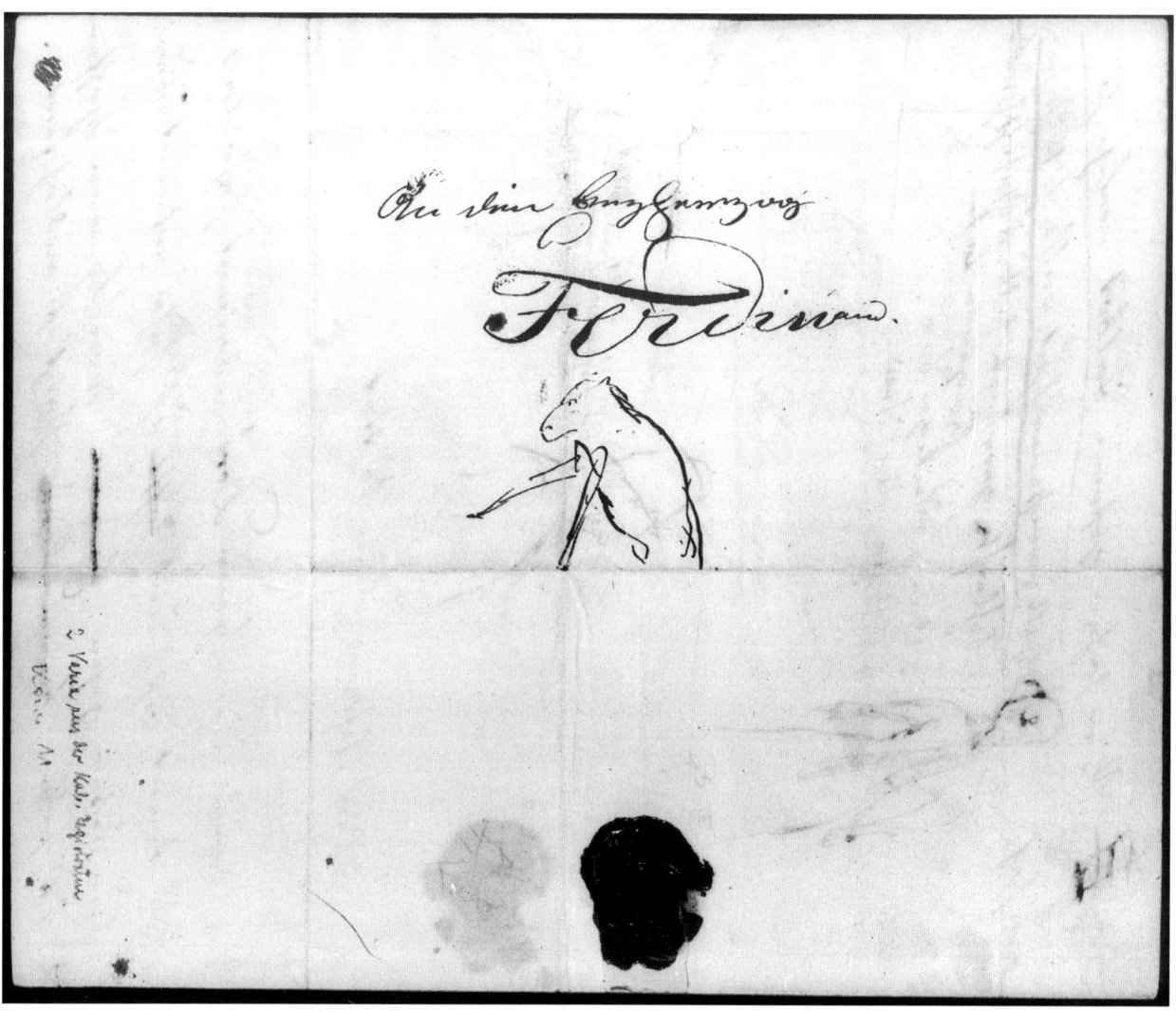

Viechereien:
Brief Franz Josephs an
Erzherzog Ferdinand
Maximilian, 1844

20.

Nahm ich Abends ein Bad welches mir recht gut anschlug.

Im Mai 1844 gab Fanny Elßler in Wien Gastspiele. Die am 23. 10. 1810 geborene Wienerin war damals bereits ein internationaler Tanzstar und kam nur selten in ihre Heimatstadt, wo sie erst spät Anerkennung gefunden hatte. Bis 1840 blieb sie im Engagement in Paris, und danach führten sie Gastspielreisen durch ganz Europa, aber auch nach Amerika und Kuba. In Wien gab sie ihre berühmte „Cachucha" zum besten, einen für die damalige Zeit schockierend freizügigen Tanz, den sie selbst erfunden hatte und der das Publikum zu Begeisterungsstürmen hinriß. Erzherzog Franz Karl und seine Frau gehörten zu den zahlreichen Fans der Tänzerin. Am 6. Mai 1844 nahm Sophie den kleinen Max in eine Vorstellung der Fanny Elßler mit. Der nur um ein Jahr jüngere Karl Ludwig notierte sich damals schmollend: „Bin ich allein, aber der Maxi ist im Theater […]." Auch Franz Joseph mußte daheim bleiben, weil er sich in Scharlach-Quarantäne befand. Mit ihm hat allerdings der Vater das Versäumte nachgeholt. Am 24. Mai 1844 führte Erzherzog Franz Karl seinen ältesten Sohn in eine Vorführung der berühmten Tänzerin.

Abends sah ich Fanni Elssler tanzen. Papa hat mich hingeführt. Zum Abschied wurde sie von einem Regen von Blumen überschüttet.

Ende Mai erfolgte die von den zahlreichen Kindern am Kaiserhof sehnlichst erwartete Übersiedlung aufs Land, das heißt nach Schönbrunn.

25. Mai

Fuhren wir gleich nach Tische nach Schönbrunn, Hetzi war schon um 1 Uhr dahin, Papa und Mama folgten Abends. Der Kaiser, und der ganze andere Hof folgt in einiger Zeit. Onkel Karl reist heute mit seiner Familie auch nach Baden.

Als wir in Schönbrunn angekommen waren, war unser erster Gang nach dem Boulaingrain, von da auf die Schwimmschule, die zwar vorigen Herbst bedeutend renovirt wurde, deren Wasser aber so trübe wie sonst ist.

In dem in der Nähe des Obelisken gelegenen Wasserbassin hatte der achtjährige „Franzi", gesichert durch ein langes Seil, schwimmen gelernt. Boulingrin nannte man jenen als Spielplatz für die Kinder der kaiserlichen Familie abgetrennten Teil des Schloßparks von Schönbrunn, wo sich eine Schaukel, eine kleine Schanze, Beete und ein Kaninchenstall befanden. Die eigenartige Bezeichnung ist eine französische Übertragung und Verballhornung von

Blumenregen:
Fanny Elßler tanzt in dem
Ballett „Der kranke Teufel".
Stich von A. Geiger.

„Bowlinggreen" (Kegelplatz). Englisch sprach und lernte im Wien des Vormärz nur eine als exzentrisch betrachtete Minderheit; die Umgangssprache des Adels war französisch.

26. Pfingstsonntag

Wir waren wieder im Boulaingrain, nachdem ich mit der Mama in Hietzing in der Messe war. Wir speisten mit den Herren und Damen bey der Mama.

29. Mai

Ritt ich zum ersten Male wieder. Meine Lectionen sind jetzt gut, doch die Unverträglichkeit mit den Brüdern und der daraus folgende Jehzorn kommt wieder zum Vorschein,

Kind und Kegel:
Die Erzherzöge Franz Joseph,
Ferdinand Max und Karl
Ludwig im Boulingrin von
Schönbrunn.
Aquarell von F. Barbarini.

ach wie geht mir Graf Coronini ab; was wird aus mir werden wenn ein mal meine Erziehung follendet, und ich von ihm mich werde trennen müssen!

In Reih und Glied:
Fronleichnamsprozession auf
dem Wiener Graben um 1840.
Gouache von B. Wigand.

Juny 1844

1. Und noch immer rauhes Wetter.

2.

Waren wir beym Kaiser in der Stadt um dem Familiendiner beyzuwohnen. Wir fuhren
darauf in eine Menagerie im Wurstelprater, wo viele merkwürdige Thiere zu sehen sind,
als ein Seehund, eine sehr große Boa, eine Klapperschlange etc […].

4.

Sehr schönes Wetter. Wir machten Nachmittage mit Br. Gorizetti eine große Promenade
zu Fuß, über Mauer.

6. Frohnleichnam.

Um 8 Uhr fuhren wir in die Stadt um von der Reitschule aus die Procession zu sehen. Großmama und […] sahen auch von dort aus zu. Abends fuhren wir mit Papa Mama und dem Onkel Ludwig nach Kaltenleutgeben.

Klassik light: Villa Hügel in Hietzing. Aquarell, Thomas Ender, ca. 1840.

9. Sonntag.

Da gestern der Kaiser Abends herausgezogen ist, speisten wir hier bey ihm. Wir gingen um 9 Uhr in die Messe. Abends fuhren die Mama, die Großmama, der Onkel Ludwig, die Familie des Palatinus [von Ungarn] und die Brüder beim Br. Hügel. Papa und ich gingen im Garten herum und kamen dann mit den anderen im Tyrolergarten zusammen, wo gutiert wurde.

Alexander Freiherr von Hügel, einer der großen Hortologen seiner Zeit, besaß in Hietzing, nahe Schönbrunn, eine prächtige Villa im römischen Stil. Die dazu-

gehörenden Gartenanlagen waren eine Sehens-
würdigkeit von europäischem Rang und ein
Treffpunkt von Adel und Naturforschern.[72]

10.

Turnen in der Gallerie.

11.

*Wir schwimmen jetzt alle Tage. Abends fuhren
wir mit Papa Mama Großmama und Onkel
Ludwig aus und gutierten beym Richter von
Lainz.*

22.

*Ging ich zum ersten Male mit Oberst Hauslab ,
Löschner und Cibulz bey der Fasanerie aufruh-
men. Wir steckten einige Fixpunkte aus.*

Ende Juni 1844 erkrankte Franz Joseph neu-
erlich.

27. [Juni]

legte ich mich mit Fieber; ich hatte schon einige Zeit hindurch keinen rechten Appetit.

28.

*Hatte ich starkes Fieber welches sich gegen die Mittagstunden immer vermehrte, sehr
starke Kopf- und Augenschmerzen.*

Zur Behandlung des als „rheumatisch-gastrische Affektion" bezeichneten Leidens
setzten die Ärzte die gängigen Heilmittel ein, um den „Blutandruck im Kopfe" zu
verringern.

*„Il faut cultiver son jardin":
Der Hortologe Alexander Freiherr von Hügel.*

Vorposten in der Vorstadt:
Eine „Situationszeichnung"
Franz Josephs.

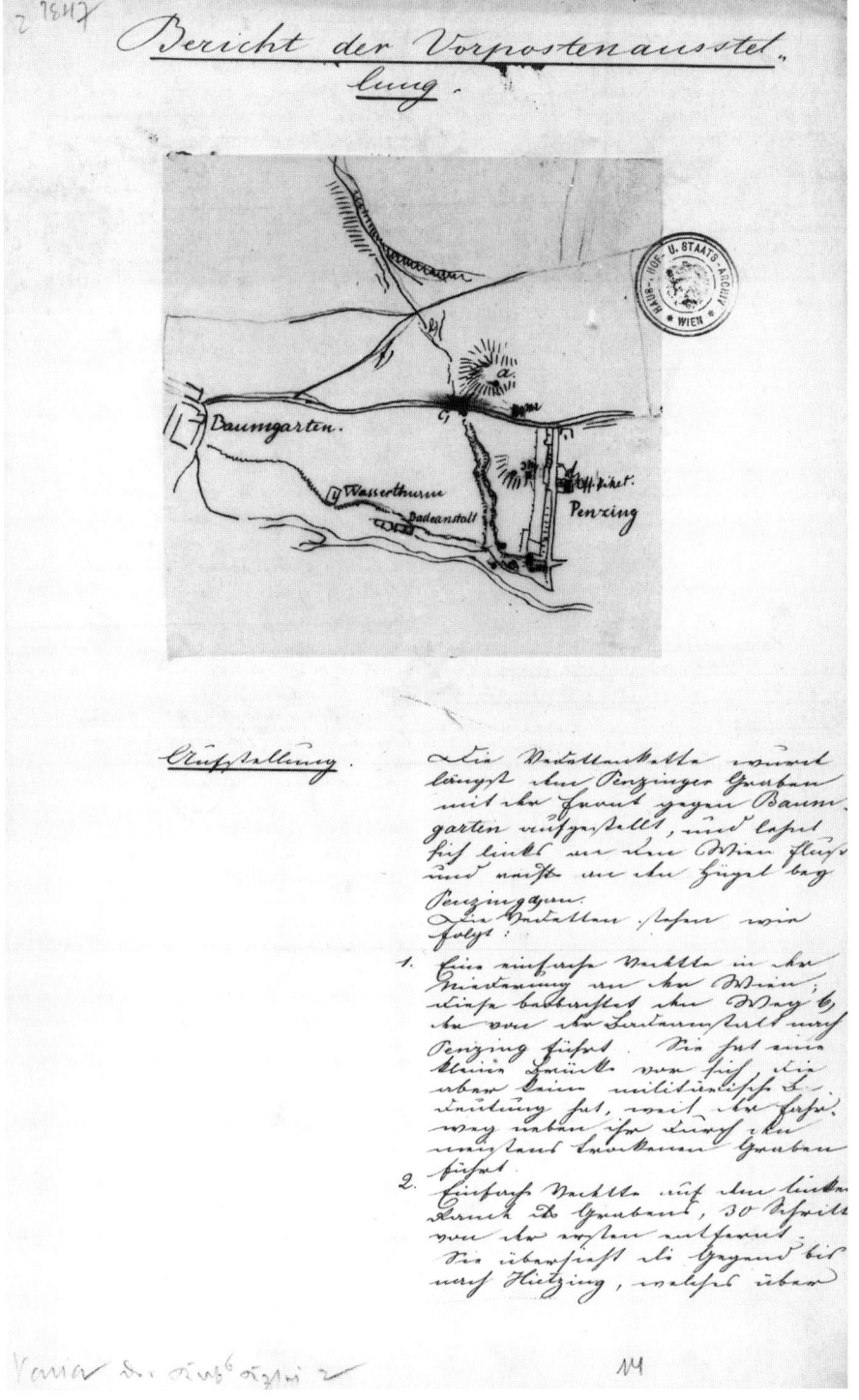

29.

Setzte man mir sechs Blutigeln hinter die Ohren. Es wurde mir gegen Abend besser; aber während das Blut noch rann hatte ich schreckliche Kopfschmerzen.

30. Sonntag.

Hatte ich noch Fieber, das Kopfweh hatte auch noch nicht aufgehört; so wurde Doktor Türkheim geholt.

Zwei Ärzte, die auch sonst der kaiserlichen Familie mit ihren – nach heutigen Kriterien – skurrilen Ratschlägen zur Seite standen, eilten an das Lager des kranken Erzherzogs.

1. July

Kam Dr. Türkheim und Zangerl, der mich eigentlich behandelte wieder und noch Fieber, doch die Kopfschmerzen hatten nachgelaßen. Papa und Mama, Onkel Ludwig und Großmama besuchten mich häufig. Auch der kleine Ludwig unterhielt mich sehr gut.

Wenn sechs Blutegel nicht helfen:
Dr. Türkheim, der Arzt Franz Josephs.

2. Ging es mir nicht beßer.

3. Ebenfalls.

4. Hatte ich kein Fieber mehr.

Ende Juli (am 23.) klagte die Mutter über Fieber und Kopfweh – abends bekam die Mama Blutegel – Erzherzogin Sophie litt nun auch unter Rotlauf. Die ungewöhnliche Reaktion der Ärzte hat sich „Franzi" auch notiert: *Befand sich Mama recht gut. Sie hat einen Rothlauf am Bein, welcher die Doctoren sehr freut.*

Solcherart verzögerte die Krankheit der Erzherzogin die Abreise nach Ischl, wo in diesem Sommer das preußische Königspaar („Tante Elise" und ihr Gatte, König Friedrich Wilhelm von Preußen) als Gäste erwartet wurden.

Schon 1844, vier Jahre vor dem Ausbruch der Revolution, kam es fallweise in Ungarn, Italien, aber auch in Prag zu Unruhen, in denen sich die Unzufriedenheit der Bevölkerung mit dem politischen System und der schlechten wirtschaftlichen Lage manifestierte. Vor allem die Lage der Industriearbeiter war zu Beginn des industriellen Zeitalters verzweifelt. Es gab unmenschliche Arbeitszeiten, Kinderarbeit, aber keine geregelten Löhne. Überall entstanden Fabriken. Die industrielle Revolution erschütterte den biedermeierlichen Staat, der auf den Anbruch des Industriezeitalters hilflos reagierte und die enormen Probleme in keiner Weise lösen konnte.

Symbolbezug:
Friedrich Wilhelm IV.
König von Preußen.
Lithographie von E. Meyer.

12. Juli

In Prag war am 10ten eine Emeutte. Die Arbeiter der Eisenbahn, kamen 1500 an der Zahl gegen Prag gezogen. Sie sprengten das Stadtthor, und warfen auf das Militär, welches unter dem Commando des Fürsten Windischgrätz herbeygeeilt war, mit Steinen. Doch bald wurden sie durch das Feuer der Infanterie zurückgedrängt.

14.

[…] In Prag ist es noch nicht ganz ruhig. Auch auf dem Lande bey Prag lehnten sich die Bauern gegen einen Gutsbesitzer auf […].

Auch in Berlin kam es zu Unruhen, die Franz Joseph am 31. Juli mit der lapidaren Feststellung abtat: *Es kam die Nachricht daß in Berlin auf den König und die Königinn von Preußen geschossen wurde.*

Den Sommer 1844 sollten „Franzi", „Maxi" und Karl in Schönbrunn verbringen und regelmäßig Unterricht erhalten, um dann zu der jährlich vorgesehenen Bildungsreise durch die k.k. Monarchie aufzubrechen. In Anbetracht der angegriffenen Gesundheit ihres Ältesten beschloß Erzherzogin Sophie eine Änderung des Programms. Ausnahmsweise durfte Franz Joseph für längere Zeit mit nach Ischl kommen. Heuchlerisch schrieb dieser:

Mama sagte mir sie wollte mich nach Ischl mitnehmen, damit ich mich dort erhole. Ich bat sie Anfangs dieses nicht zu thun, damit [ich] nicht zu viel im Lernen versäume. Grf. Coronini sagte aber, daß dieses Jahr wegen meiner vielen Krankheiten so für das Studieren verloren sey, und so freue ich mich denn sehr auf das liebe Ischl, in dem ich so viele glückliche Stunden verlebte.

Meine Aufführung ist weniger gut: Tagebucheintragungen Franz Josephs.

Kurz vor der Abreise überbrachte Franz Joseph seiner Mutter noch das verspätete Geschenk zum Namenstag. Es war in seinem Auftrag vom Oberfeuerwerker Cibulz, der ihn im Körper- und geometrischen Zeichnen unterrichtete, angefertigt worden.

3. August

Brachte ich in der Frühe mein Portrait welches Herr Cibulz gemalt hatte der Mama, es gefiel Ihr nicht.

Am 5. August war es dann soweit.

Reisten um 9 Uhr frühe Papa und Mama nach Ischl. Um 3 Uhr folgte der kleine Ludwig und ich mit dem Grfn. Coronini. Wir fuhren die ganze Nacht fort, Papa und Mama übernachteten in Amstätten.

6. Kamen wir um fünf Uhr Abends bey sehr schönem Wetter nach Ischl. Papa und Mama übernachteten in Lambach.

Noch am selben Abend bestieg „Franzi" die Dachsteinaussicht. Schon allein die Tatsache, daß Max und Karl Ludwig vorläufig in Wien bleiben mußten, befriedigte ihn ungemein, und er schrieb ihnen regelmäßig.

„Lieber Maxi! Es ist 7 Uhr früh, ich habe mich schon durch einen erquickenden Schlaf von den Beschwerden der Reise ausgeruht. Ich sitze in einem ziemlich großen Zimmer unter dem Dache, aus welchem ich nur schwindelnd auf die Promenade hinunter sehen kann. Fünf schauerliche Ahnenbilder schauen von den Wänden herunter […]."[73]

Es sollte ein wunderschöner Sommer werden, denn mit der Ankunft des preußischen Königspaares kam ein neues aufregendes Element in das Leben des jungen Erzherzogs.

9. August

Das preußische Gefolge besteht: aus den Adjutanten des Königs, Neumann und Grf. Brückl, den Kammerherrn der Königinn, Graf Dohnhof und ihren Hofdamen, Gräfinn Döhnhof und Fräulein Marwitz.

Kein Bruderzwist in Habsburg: Franz Joseph mit seinen zwei Brüdern 1844 im Salzkammergut.

Ist recht aimable:
Hildegard, Prinzessin
von Bayern.
Lithographie von A. Douthage

In das ihrem Rang entsprechend diskret an letzter Stelle genannte junge, hübsche und lustige Fräulein von Marwitz hat sich Franz Joseph sofort heftig verliebt. Dem mütterlichen Auge blieb dies nicht verborgen, und Erzherzogin Sophie trug am 14. 8. 1844 in ihr Tagebuch ein: „Es ist das erstemal, daß solch ein Gefühl bei ihm erwacht. Ich kann den Eindruck nicht genug beschreiben, den mir das gemacht hat. Dieser Bub, den ich noch für ein Kind hielt, geht plötzlich, ohne, daß ich es merke, zu den Neigungen und Gefühlen eines jungen Mannes über. Das ließ mich eine vage Unruhe wie eine peinliche Sensation empfinden und es scheint mir, als gehöre er mir nicht mehr wie bisher."[74]

Daß Franz Joseph der Weiblichkeit schon seit längerem seine erhöhte Aufmerksamkeit geschenkt hat, geht deutlich aus einer Eintragung hervor, die er bereits im vorangegangenen Mai tat.

Sah ich bey einem Frühstück bey der Mama zum ersten Male Hildegarden. Sieh gefiel mir gut, sie ist hübsch, hat zu dicke Wangen, eine sehr hübsche Gestalt, ist recht aimable, hat aber finde ich nur zu viel von der Kaiserinn Mutter, besonders das lange starre Ansehen.[75]

Die derart interessiert-kritisch Gesehene war Franz Josephs Cousine Hildegard von Bayern[76], die sich 1844 mit Erzherzog Albrecht vermählte.

Im Ischler Sommer des Jahres 1844 jagte ein Amüsement das andere, und Franz Joseph genoß die Gesellschaft von Fräulein Marwitz.

9. August

Diner bey der Mama. Nachmittage wurde nach Wolfgang, und von da zu Wasser nach Strobl gefahren. Als wir nach Hause kamen, war ganz Ischl beleuchtet. Um 9 Uhr war Thee bey der Mama, nach welchem ein Dichter Stelzhammer Gedichte in der oberösterreichischen Mundart vorlas.

Auch Franz Josephs Geburtstag wurde ausgiebig gefeiert.

*Alpenlandschaft:
Ein Lieblingsbild aus Franz
Josephs persönlichem Besitz.*

18. Sonntag!

*Ein Jahr, daß ich Oberst wurde, und nun bin ich 14 Jahre alt. Ich bete viel, daß ich in
diesem Jahre recht brav werde. Es war leider an diesem Tag schlechtes Wetter, so daß wir
nur bey der Tante Louise [von Parma] speisen konnten.*

Die Mama schenkte 50 Gulden, denn das vorgesehene Geschenk – die Schlacht von
Lützen von Geiger – hatte der Maler nicht rechtzeitig fertigstellen können. Tante
Louise stellte einen – ebenfalls in Arbeit befindlichen – Jagdstutzen in Aussicht.

Ausflugsziel:
Die Redtenbachmühle in der
Nähe von Ischl.

Gemsenjagden, Ausflüge, Wanderungen und romantische Bootspartien wechselten in derart rapider Folge, daß Franz Joseph schließlich erschöpft seinem Tagebuch anvertraute:

20. August 1844

Es häuften sich die Unterhaltungen, daß man fast garnicht mehr ausschnaufen kann.

Auch die ersten pubertären Veränderungen stellten sich bei dem jungen Erzherzog ein.

28.

[...] seit einiger Zeit bin ich moutiert [Stimmbruch]; es kommt glaube ich von den vielen Unterhaltungen; ich hoffe jedoch ruhiger zu werden und recht brav zu seyn.

Trotz der Klagen über den allzu großen Trubel in der Sommerfrische hat Franz Joseph mit Unbehagen der bevorstehenden Bildungsreise entgegengesehen.

28. – Fortsetzung

Wir reisen mit allen unseren Herrn den 4ten oder 5ten weg. Gehen wahrscheinlich über Gastein nach Salzburg, von da nach Inspruck, Füßen, Kempten, Hohenschwangau, Lindau in Bayern, über den Bodensee nach Bregenz, von da über den Stelvio nach Botzen und Meran, Villach [...] nach Schönbrunn zurück. Ich freue mich sehr auf diese Tournee, doch wenn ich aufrichtig gestehe, ich wäre lieber in Ischl bey der guten Mama, in dem schönen, lieben Ischl geblieben. Ach wann werde ich Ischl wieder auf längere Zeit sehen.

Diese berührenden, sicher für die Mama bestimmten Appelle des 14jährigen, sein Verlangen nach einem seinem Alter gemäßen Leben, verklangen ungehört. Tante Elise überreichte ihm im Namen des Königs von Preußen noch den Adlerorden in schwarz und rot – *nur fand ich, daß ich noch zu einem Orden etwas zu jung sey* –, und am 5. September erfolgte der Aufbruch ganz nach Plan in Gesellschaft der Brüder, die erst am 30. August von Schönbrunn gekommen waren.

5. September.

Reisten wir um 8 Uhr Morgens von Ischl weg. Wie leid that es mir das schöne Ischl zu verlaßen, von allen Abschied nehmen zu müssen, von der Tante Elise die ich jetzt so lange nicht sehen werde.

Hinter diesen Worten verbarg der junge Franz Joseph den Trennungsschmerz, den ihm der Abschied von Fräulein Marwitz bereitete. Die erste Etappe führte nach Salzburg [...] *wo ein miserables Concert gegeben wurde und dann nach Berchtesgaden [...] und wir fuhren mit den Vettern (Adalbert und Louis) auf dem prächtig-wilden See gegen das Ende, in ein Jagdschloß des Königs von Bayern, Barthelmi genannt.*

Abgesehen davon, daß es Streitereien mit den Brüdern gab, – *Ich war heute zweymal zornig gegen Max; recht sehr werde ich mir Mühe geben auf dieser Reise mit den Brüdern verträglich zu seyn* – begann Franz Joseph die widerwillig angetretene Fahrt zu gefallen.

Bis jetzt habe ich mich auf der Reise sehr gut unterhalten; wir sahen schöne Gegenden; in Salzburg schöne Truppen, hier bayrische Soldaten; reisen sehr bequem; kurz es ist eine Herrlichkeit!

105

Besonders gefiel Franz Joseph, daß *[…] wir überall mit treuer Herzlichkeit empfangen worden sind, viel Volk stand überall um uns zu sehen.*

In Tirol gehörten zur Zeit des Biedermeier Trachten noch zur selbstverständlichen Kleidung. Den in Uniformen bestens versierten Franz Joseph begeisterte vor allem die Festtagskleidung der Landbevölkerung.

7. September 1844

Wir begegneten schon auf dem ganzen Weg in Tyrol, tyrolerische Costüme und schöne Leute; auf zwey Stationen wurde in den dritten Wagen ein Maulesel mit drey Pferden eingespannt. Überall wurden uns zu Ehren Pöller geschoßen. In Rattenberg war die dortige Schützencompagnie vor unserem Hause, nehmlich dem Hause des Landrichters ausgerückt; magnifique Leute im National Costume mit spitzen Hüten, Stutzen, grauen Röcken, rothen Westen, und ledernen Beinkleidern und wollenen Strümpfen, bildeten diese prächtige Compagnie.

Auf die Treue der Tiroler konnte das Kaiserhaus auch später zählen und es war kein Zufall, daß sich der Hof nach dem Ausbruch der Revolution im Jahre 1848 nach Innsbruck flüchtete.

Der 11. September 1844 war für die Reisenden ein wahrer Unglückstag. Schon bei Lermoos kam es bei einem riskanten Überholmanöver zu einem Unfall.

Kaum waren wir aus Lermoos heraus, als der dritte Wagen, in welchem Grf. Coronini, Br. Gorizutti und die Bedienten des Grfn. Coronini und Morzin saßen, umwarf. Der Postillon wollte nehmlich den Bagage Wagen vorfahren, kam aber zu sehr auf den Abhang und warf so um. Es kegelte sich nur der Bediente des Grfn. Coronini den Arm aus, was ihm starke Schmerzen verursachte.

Bei dem anschließenden Abstecher ins südliche Bayern gab es erneut einen Unfall.

Kaum waren wir aus Füßen (der bayrischen Stadt Füssen) heraus, als der Postillon des ersten Wagens, in welchem wir drey saßen, stürzte und sich den Fuß brach. Er wurde in einem kleinen Wagen nach Füßen zurück gebracht und unterdessen mit vierzig Gulden beschenkt. Übrigens wird auch seine ganze Khur bezahlt werden. […] dieser Tag war ein Unglückstag; denn zwey solche Fälle an einem Tage, wo bis jetzt alle unsere Reisen so glücklich ausgefallen sind, ist sonderbar.; besonders aber erschrak ich aber bey dem ersten,

Fiakerpolka: Wiener Equipagen um 1845. Lithographie von R. von Benza. Um 1845.

denn von weitem konnte ich nicht sehen ob nicht vielleicht meinem Grfn. Coronini oder dem Baron etwas geschehen war. Ich war auch viel zu heftig gegen den Postillon.

Nicht alle Kutschenunfälle gingen so glimpflich aus. 1854 sollte König Friedrich August II. von Sachsen, der Mann von „Tante Marie", auf einer Reise durch Tirol aus dem Wagen stürzen und dabei tödlich verunglücken.

Einen Höhepunkt der Reise der drei Erzherzöge bildete die Besichtigung des von Kronprinz Maximilian, dem späteren König Maximilian II. von Bayern, einem Cousin Franz Josephs errichteten und 1832 – *im Ritterstiele* – fertiggestellten Schlosses Hohenschwangau.

[…] wir besichtigten das ganze Schloß, dessen Zimmer mit Fresquen bemalt sind und herrlich aussehen. Alles ist gothisch, selbst die Möbel, Lampen, Blumentöpfe; auch ein sehr schönes Bad befindet sich daselbst […]

Aus Innsbruck hat Franz Joseph dann seiner Mutter geschrieben: „Liebe Mama! […] ich wenigstens unterhielt mich königlich. Gestern führte uns der Gouverneur (Klemens Graf Brandis) in das herrliche Stubaital, das schönste Tal, das ich je gesehen habe; dort ist ein wahrer Gletscher, ganz anders als der Dachstein; er ist ganz mit Schnee und Eis bedeckt und nur wenige Felsen sehen hervor […] Wie sehne ich mich nach Ihnen und dem Hetzi! Sagen Sie ihm alles mögliche Gute von mir, ich schicke ihm Küsse über Küsse und über alles bitte ich Sie, sagen Sie ihm recht viel von uns! […]"[77]

Bei Regen und sehr schlechtem Wetter reisten die Erzherzöge mit ihren Erziehern dann nach Vorarlberg, wo man von Bregenz wegen des beständigen Regens nicht viel sah. Trotzdem bestieg die kleine Gesellschaft das Dampfschiff „Kronprinz von Würtemberg" und fuhr bis zur Mündung des Rheins. Das anschließende Programm war zwar langweilig, dafür umso anstrengender.

13. September

[…] kamen wir um 12 Uhr nach Bregenz zurück, von wo wir bald abreisten und über Dornbirn, wo wir eine kleine Industrieausstellung ansahen, nach Hohenems fuhren […] und nach Feldkirch kamen, wo eine Bürgercompagnie ausgerückt war. Wir sahen alsgleich auch dort die Industrieausstellung an […] das Diner dauerte leider bis 8 Uhr, wo die Bürger einen Fakelzug mit Türkischer Musik und Gesang machten.

Auf jeden Fall ging das zu bewältigende Pensum bereits an die Grenze des für Franz Joseph physisch und psychisch Erträglichen. Für die jüngeren Brüder aber stellte die ganze Reise eine unzumutbare Belastung dar. Am 16. September überschritt man die italienische Grenze.

Immer im Zickzack und im Schritt fahrend kamen wir ganz nahe, nehmlich auf zwey bis drey hundert Schritte von den Gletschern vorbey nach Franzenshöhe, einem schon oberhalb den Gletschern gelegenen Wirtshause, wo wir umspannten. Die Klüfte des Eises waren blau und grün [...] Es regnete immer wechselweise, was uns aber nicht hinderte die, von den wechselweise kommenden Sonnenstrahlen herrlich erleuchtetenden Schnee und Eisberge zu sehen.

In Art und Weise unterschied sich die Reise durch nichts von den im Mittelalter üblichen Unternehmungen.

[...] fuhren wir um 3 / 4 auf 6 Uhr frühe [...] ab, und machten denselben Weg wie gestern in 7 Stunden [...]

Das südliche Flair rief bei Franz Joseph Begeisterung hervor und verleitete ihn zu ungewohnter Eloquenz.

Das Schwäbische Meer: Ansicht von Lindau am Bodensee. Aquarell von R. Bendt, ca. 1870.

„Nach italienischer Art":
Auch Franz Joseph widerstand
nicht dem Reiz des Südens.

[…] fuhren wir weiter, und durch eine herrliche Gegend […] Bald sahen wir Weingär-
ten nach italienischer Art, nehmlich in Bögen, eine Menge Obst und herrliche süße
Kastanienbäume an der Straße wachsen. Je näher wir an Meran kamen, desto schöner
wurden die Menschen. Sie tragen große runde Hüte, kurze Hosen, nackte Knie, breite
Hosenträger. An einigen Stellen bildet der Wein Lauben über die Straße […]

In Südtirol begab sich die Reisegesellschaft auf die Suche nach Spuren des Tiroler Frei-
heitshelden Andreas Hofer.[78] Die Erinnerung an die Tiroler Freiheitskämpfe und die
Rolle des in der Person des Erzherzogs Johann unmittelbar involvierten Kaiserhauses
war damals noch höchst lebendig. Es bleibt Spekulation, welche Version der Ereignisse
Großonkel Johann und sein Gegenspieler, der Staatskanzler Metternich selbst „Franzi"
erzählt haben. Tatsächlich war Erzherzog Johann mitverantwortlich für den Aufstand
der Tiroler, die sich im April 1809 gegen Napoleon, der ihr Land Bayern zugesprochen
hatte, erhoben. Österreich jedoch schloß im Oktober 1809 den „Frieden von Schön-

brunn" und mußte die heldenhaft kämpfenden Tiroler im Stich lassen. 1813 plante Erzherzog Johann dann, ohne Absprache mit den Wiener Stellen, eine neuerliche Erhebung Tirols. Dabei schwebte ihm vermutlich ein Levée en masse nach dem Beispiel Spaniens vor. Auch schien er anzunehmen, daß man – ohne Koalition mit Rußland – allein im Vertrauen auf den Volkswillen Napoleon die Stirn bieten könne. Metternich deckte die Verschwörung des „Alpenbundes" auf, und der Erzherzog mußte das Land verlassen.

18. September 1844

Ritten wir auf Gebirgs Pferden um 7 Uhr von Meran ab, um uns nach dem so intereßanten Gasthause des berühmten Sandwirths Hofers zu begeben. Wir ritten anfangs […] unter Weinlauben, deren herrliche zahlreiche Früchte uns gewißer maßen in den Mund hingen, bey herrlichen Kastanien, Nuß und anderen Obstbäumen vorbey. Nach einer Stunde aber, wo wir durch das Dorf St. Martin in das eigentliche Passeyerthal kamen, wurde die Gegend wilder, der Wein hörte auf, und wir ritten meistens, immer auf schlechten Wegen, in dem Beete des Passeyerbaches. Die Sonne brannte stark in das kahle Thal, und die vier und eine halbe Stunde, welche wir von Meran zum Sand brauchten, waren ziemlich ermüdend; die Pferde gingen jedoch recht gut und sicher auf dem […] steinigen Weg. Die Brüder ließen sich von Zeit zu Zeit auf drey Seßeln, welche mitgekommen waren tragen. So zog denn die lange Karawane von Pferden, Fußgängern und Tragseßeln langsam gegen den Sand, welcher an dem Passeyerbache liegt und aus einem Gasthause mit einigen Nebengebäuden, alles im Bauernstyle, besteht.

Die Passeyer Schützencompagnie stand vor dem Haus, geführt von dem Hausherrn, Andre v. Erb, Schwiegersohn Hofers, welcher den Hut und den Rock Hofers an hatte. Erb ist ein schöner Mann von etwa 50 Jahren. Zwey Enkel Hofers, Söhne seiner beyden Töchter, Knaben von 10 und 13 Jahren waren auch

Besuch beim Sandwirt: Haus von Andreas Hofer. Stich von G. Schedler.

als Schützen angezogen, und standen zu beyden Seiten des Fahnenträgers. Es war auch ein anderer Enkel Hofers, ein Sohn seines Sohnes, welcher Lieutenant bey den Kaiserjägern ist.

Allsogleich fing das Scheibenschießen der Schützen an; ich machte auch drey Schüße, deren erster die Scheibe traf, die anderen aber fehlten. Wir speisten bey Erb [...] Ich brachte eine Gesundheit „auf das Andenken Hofers und auf das Wohl seiner noch lebenden Anverwandten und Kameraden" aus. Nach Tisch sahen wir den Brief, den Hofer vor seinem Tode an seine Verwandten schrieb, seinen Rock, zwey Westen, seine Schabracke, seine Hosen, seine Sporen, sein Messer. Es kamen nun 22 seiner Waffengenossen herauf, deren jeder einen Dukaten erhielt.

Wir ritten um 3 Uhr zurück; es fing an zu regnen, zu blitzen und zu donnern [...] Der Regen hörte erst ganz zu letzt auf, so, daß wir ohne Regen um 7 Uhr Abends in Meran einzogen, wo wir uns, müde von einem 9stündigen Ritt allsogleich zu Bette legten.

Maria Mörl, die weithin bekannte Stigmatisierte Tirols, hat man den kaiserlichen Buben vorenthalten. Die drei Erzieher ließen sich jedoch von einem Besuch bei dem Mädchen, das seit 1834 jeden Freitag blutunterlaufene Stellen an Händen und Füßen hatte, nicht abhalten. Mörl lebte seit 1841 im Kloster der Tertianerinnen in Kaltern.

20. September

[...] Um 11 Uhr fuhren Grf.Bombelles, Grf.Morzin und Br.Gorizutti [...] nach Kaltern, um dort die berühmte Marie Mörl, welche die Wundmahle Christi hat und immer in Extase ist, zu sehen [...] wir kamen nach Hause, und fanden schon die Grfn., welche sagten, daß Märl sehr interessant sey.

Daß man Franz Joseph bei dieser alljährlichen Tour über die Aufgaben, die er als inoffizieller Kronprinz absolvieren mußte, aufgeklärt hatte, geht aus seiner reflektierenden Bemerkung zu den Tagesereignissen hervor. *Ich war diese letzten Tage bräver, nur war ich mit den Leuten zu steif [...]*

In fast allen auf der Reise berührten Orten rückten die Bürger aus, defilierten die Schützenkompanien, warteten die Honoratioren. In monotoner Wiederkehr bot man Fackelzüge, Feuerwerke und eigenartigerweise oft türkische Musik. Franz

Joseph und seine Brüder nahmen alles gelassen hin. Als sie jedoch in Bruneck im Pustertal, von einer großen Menge begafft, öffentlich speisen mußten, schien das Maß des Erträglichen für Franz Joseph überschritten.

21. September.

Wir soupirten in einem großen Saale, der eine Gallerie hatte, auf welcher eine hübsche Anzahl Leute uns zusahen. Eine starke Naivtät.

Am 21. September traf auch die Nachricht von der Erkrankung „Hetzis" ein.

In Brixen bekam ich einen Brief von Mama, welche mir, zu unserem großen Schrecken, schreibt, daß sie den kleinen Ludwig in Ischl mit Masern gefunden hat; jedoch sind sie so gutartig, daß er schon aufgestanden ist. Sie will aber, da sie wenigstens 6 Wochen länger in Ischl bleiben muß, daß wir mit ihr, irgendwo in der Umgebung von Ischl, speisen sollen. Dies macht einen ganzen Umsturz in unserer Reise, und wir werden in Aussee oder St. Gilgen mit ihr zusammen treffen.

*„Immer in Extase":
Die stigmatisierte Maria von Mörl.
Bleistiftzeichnung von
L. Kupelwieser, 1851.*

Der Wunsch von Erzherzogin Sophie war natürlich Befehl. Für ein Wiedersehen von einigen Stunden mußte die Reisegesellschaft einen riesigen Umweg machen. Von Brixen ging die Reise heimwärts über Lienz in Osttirol, Spittal a.d. Drau in Kärnten – *Die Leute sind nicht mehr so schön wie die Tyroler, auch ist die Gegend nicht besonders schön* – dann nordwärts über den Radstädter-Tauern-Paß in das obere Ennstal, über Stainach nach Aussee.

113

Empfindsamkeit:
Der Erzherzog Ludwig Viktor.

25. September 1844.

In Aussee kamen wir um 6 Uhr an und fanden daselbst einen Brief [...] welcher sagt, daß es dem kleine Ludwig recht gut geht und daß wir Morgen in Steg (bei Goisern) mit Mama dejeunieren sollen und dann noch bis Linz reisen.

Dies war schmerzlich für Franz Joseph, der auf einige Tage in Ischl gehofft hatte.

Ich freue mich ungeheuer auf dieses Zusammentreffen in der mir so lieben Gegend von Ischl, doch leider ist es nur so kurz. Ein wehmütiges Gefühl stieg in mir auf als ich von dem Berge ober Aussee die Ischler Berge sah, und ich dachte, daß ich bey diesen Erinnerungen so glücklicher Tage nur vorüberfliegen soll. Ich kann eben die herrlichen Berge fast nicht entbehren und in das flache Wien zurück zu kehren wird mir schwer.

Auch daß wir den lieben kleinen Ludwig nicht werden sehen können ist sehr traurig, und wann wird er uns mit Mama nach Wien folgen können?

Den kleinen „Hetzi", seinen um 12 Jahre jüngeren Bruder, hat Franz Joseph geliebt, wie überhaupt die ganze Familie den zarten, empfindsamen Buben verhätschelte. Später, als aus dem herzigen Kind ein boshafter, tratsch- und rachsüchtiger junger Mann geworden war, vertrug sich Ludwig Viktor mit keinem seiner Brüder. Die homosexuellen Neigungen Ludwig Viktors produzierten Skandale am laufenden Band. Als der Erzherzog dann von einem jungen Mann, den er in einem öffentlichen Bad bedrängte, geohrfeigt wurde, sah sich Kaiser Franz Joseph gezwungen, seinen jüngsten Bruder vom Hof und aus Wien zu verbannen. Er kaufte ihm

Schloß Klesheim bei Salzburg und erlaubte Ludwig Viktor nur mehr gelegentliche Wienbesuche, obwohl dieser ihn ständig um Erlaubnis zur Rückkehr bat. Ludwig Viktor starb 1919 in geistiger Umnachtung in seinem Salzburger Exil.[79]

Am Morgen des 26. September 1844 stand man zeitig auf, da das Treffen mit der Mutter für 10 Uhr anberaumt war.

Wir nahmen zusammen ein Gabelfrühstück, bey welchem uns Mama und Gräfin Schönborn eine Menge über den kleinen Ludwig erzählten, er befindet sich jetzt recht gut, und ist heute zum ersten Male den ganzen Tag auf; der Ausschlag schält sich zum Theile [...].

Dann teilte die Mutter mit, daß sie bis zum 20. Oktober – es war der 26. September – in Ischl zu bleiben gedenke. Anschließend fuhr man gemeinsam nach Ischl, winkte von der Esplanade aus dem kleinen Ludwig, der sich am Fenster zeigte, und reiste gleich weiter.

Mama begleitete uns noch bis an den Gemundener See, von wo wir um Zwey Uhr mit dem Dampfschiffe abfuhren. So lang man dasselbe nur sehen konnte, blickte uns die Mama nach, und wehmütig winkten wir uns gegenseitig mit dem Schnupftuch zu.

Wie immer bei der Abreise aus Ischl gönnte sich Franz Joseph zum Trost einen kleinen Imbiß. Es handelte sich dabei um eine neue Spezialität, die Feldmarschall Radetzky in Mailand entdeckt und in Österreich heimisch gemacht hatte, wo sie – geringfügig verändert – zur Nationalspeise werden sollte:

[...] in Lambach, wo wir uns Schnitzel machen ließen, welche wir mit großem Apetitte verzehrten.

Nach 10 Uhr Abends erreichten die Buben Linz, stiegen im Hotel „Erzherzog Karl" ab und fielen todmüde ins Bett. Sie waren seit 6 Uhr morgens auf den Beinen gewesen.

Im Anschluß an die Bildungsreise fuhr Franz Joseph Ende September 1844 zu Manövern nach Proßnitz in Mähren, wo er erstmals „sein Regiment" persönlich kennenlernte.

Die Fahrt dorthin konnte mit der bereits 1838 eröffneten Nordbahn von dem vor der Taborlinie gelegenen Nordbahnhof aus erfolgen. Franz Joseph hat die Bahnfahrt eingehend geschildert.

Zukunftsdämmern:
Vom Nordbahnhof ging es
nach Brünn.
Lithographie von
F. Sandmann nach einem
Aquarell von Rudolf von Alt.

30. September 1844

Fuhr ich um 6 Uhr mit Grfn. Coronini [Graf Bombelles lag wegen eines Hexenschusses zu Bett] auf den Nordbahnhof, um zum Regimente nach Proßnitz zu reisen. Erst nach 7 Uhr fuhr der Train ab, und nun ging es recht schnell, über das Marchfeld, durch sehr garstige Gegenden nach Lundenburg, wo sich die Trains gewöhnlich eine halbe Stunde aufhalten. Wir stiegen daselbst in dem Hause des Beamten ab, und sahen einem, uns zu Ehren, veranstalteten Bauerntanze zu, welcher in einer verblümten Polka bestand. Wir labten uns auch mit excellenten Schnitzeln. Wir reiseten in Uniform und haben garkeine Civilkleider mit, was mich sehr freut.

Im Schienenverkehr sah man das Verkehrsmittel der Zukunft. Der Ausbau der Netze wurde in ganz Europa rapid betrieben. Die Länder wetteiferten in der Errichtung

neuer Linien. Stolz zog die „Carlsruher
Zeitung" am 27. August 1843 Bilanz und
schaute in die Zukunft: „Die erste Schie-
nenbahn, welche in Deutschland mit
Dampfkraft befahren wurde, ist bekannt-
lich die Nürnberg-Fürther gewesen, im
Jahre 1837. Seitdem sind nun sechs Jahre
verflossen. Man muß gestehen, daß wir
uns in Bezug auf das Eisenbahnwesen
gründlich gerührt und es auch den
Engländern [...] bedeutend zuvorgethan
haben. Wir besitzen nun bereits zweyund-
zwanzig Linien, deren Länge vierhundert
und vierzig Stunden beträgt. Eine ebenso
große Strecke ist theils im Bau begriffen,
theils projectiert.; und binnen höchstens
vier oder fünf Jahren werden die einzelnen
Glieder [...] verbunden sein; z.B. Wien-
Triest, Prag-Dresden, Frankfurt-Basel
[...]."[80]

*In Lundenburg wurde unserem Train, ein
anderer Train mit Uhrlaubern von Erzherzog Carl Infanterie angehängt, was machte,
daß wir trotz zwey Locomotiven sehr langsam fuhren und erst um 2 Uhr in Brünn
ankamen. Auf dem Bahnhofe empfingen uns
Albert [...] und noch mehrere Beamte. Albert
nahm mich allsogleich in seinen, mit vier
Pferden und zwey Jokeys bespannten Wagen
und wir fuhren durch einige hübsche
Straßen in Alberts Haus [...].*

Respektsperson:
Erzherzog Albrecht, der Vorge-
setzte und spätere Ratgeber
Franz Josephs.

Albrecht, der Sohn Erzherzog Karls und Cousin Franz Josephs, war damals kom-
mandierender General in Brünn.[81] Mit einer Kalesche erfolgte die Weiterreise in die
mährische Bezirksstadt Proßnitz, die zu Ehren des Erzherzogs illuminiert worden

„Vor dem Haus stand die Banda": Proßnitz in Mähren, ehemaliges Schloß, in dem Franz Joseph abstieg.

war. Bei eiskaltem Sturmwind ritt das gesamte Offizierskorps des dort stationierten Dragonerregiments dem jungen Erzherzog entgegen.

Vor dem Haus in welchem ich abstieg, und in welchem Papa gewohnt hatte, als er hier das Regiment Schwarzenberg-Ulahnen commandirte, stand ein Flügel und die Banda meines Regimentes, welche Truppe ich gleich defiliren und einrücken ließ. Auch wurde ich von dem Commandirenden Grfn. Kynsky [...] empfangen. Ich sah diese Herren, meine Officiere, den Kreishauptmann Grf. Lazansky und mehrere Beamten und legte mich dann zu Bette.

Franz Joseph war in seinem Element – bei Manövern, auf Exerzierplätzen und Paraden. In Proßnitz erschloß sich dem 14jährigen die Welt der Garnisonen, die für ihn bis zu seinem Lebensende nichts an Faszination einbüßen sollte.

„Kaisermanöver":
Franz Joseph führt sein
Dragonerregiment vor. 1844.
Gemälde von Ebelsberg.

1. October

Fuhr ich um 9 Uhr frühe [...] auf den Exercierplatz. Albert war voraus geritten um mich
daselbst zu empfangen. Ich stieg auf Hettmann. Dieses Pferd und Finella so wie auch drey
Pferde für den Grf. Coronini und Bombelles, weil man letzteren auch erwartet hatte, waren
mit dem Bereiter Müller von Wien gekommen. Das Regiment war in einem Treffen aufge-
stellt. Ich ritt beyde Glieder ab. Die Truppe sah magnifique aus, ist gut beritten und reitet
magnifique. Alle Leute haben für extra Paraden Handschuhe und die Corporäle Stülphand-
schuhe. Es wurden nun einige Bewegungen sehr gut und sehr schneidig aus geführt, ein Car-
riere famos defilirt und dann im Schritt, Trab und Galopp mit halben Escadronen defilirt,
wobey ich das Regiment dem Albert vorführte. Es freute mich sehr mit gezogenem Säbel an
der Spitze meines Schönen Regimentes reiten zu können, zu salutiren, und dann demselben
nachzusprengen. Überhaupt ist der heutige Tag einer der glücklichsten meines Lebens.

Bereits in jungen Jahren war Franz Joseph ein ausgeprägter Pedant. Auch in militärischen Belangen hing sein Herz an nebensächlichen Kleinigkeiten und raubte ihm den Blick für Wesentliches. Die Korrektheit der Adjustierung von Uniformen, Kopfbedeckungen und Handschuhen ging ihm über alles. Er liebte Pünktlichkeit auf die Sekunde. Mit komplexeren Fragen der Strategie und Bewaffnung hingegen hat er sich nur notgedrungen beschäftigt. Sie entlocken ihm auch keinerlei Kommentare. Auf jeden Fall war dieses erste militärische Aufreten in der Öffentlichkeit ein großer Erfolg. Sein Cousin Albrecht, der Franz Joseph mit Rat und Tat zur Seite stand, schrieb damals: „Allgemeine Freude, fast möchte ich sagen Begeisterung, erregte sein in jeder Beziehung ausgezeichnetes Auftreten. Er wußte bei den Vorstellungen der Behörden und höheren Offiziere in Brünn und Olmütz und seiner Offiziere in Proßnitz jedem etwas zu sagen und verband mit natürlicher Freundlichkeit einen Anstand und eine gewisse Würde, wie ich sie in seinem Alter noch nicht gesehen. Beim Regiments-Exerzieren ritt er sehr hübsch und rasch [...] mit einem Aplomb, wie ein alter Staboffizier [...] staunten wie schneidig er vor der Defilierung an die Front galoppierte und den Säbel aus der Scheide riß [...]"[82]

Der damals 27jährige Albrecht bekleidete seit 1843 die Stellung eines Feldmarschalleutnants Adlatus beim Mährisch-Schlesischen Generalkommando. Er war ungemein konservativ und glaubte, daß ein österreichischer Kaiser für seine Völker „wie ein Vater für seine unmündigen Kinder" zu sorgen hätte. „Albrecht ist ja nett", meinte Erzherzogin Sophie, die sich nach außen sehr standesbewußt gab, sich aber privat kein Blatt vor den Mund nahm, „aber jetzt häßlicher als jemals. Mund und Unterlippe sind wahrhaft ungeheuerlich mißgestaltet und von der ganzen Familie am weitaus stärksten ausgeprägt." Seine geringen körperlichen Vorzüge waren auch der Grund dafür, daß Albert von seiner Brautschau am russischen Hof in St. Petersburg unverrichteter Dinge nach Wien zurückkehrte. Olga, die als „ravissante" (hinreißend) geschilderte Tochter von Zar Nikolaus I., lehnte den unattraktiven Bewerber, von dem sie außerdem fürchtete, daß er die Epilepsie seines Vaters geerbt haben könnte, entrüstet ab. Albrecht fand dann im bewährten habsburgisch-wittelsbacherischen Familienverband in seiner Cousine Hildegard von Bayern eine Ehepartnerin. Der junge „Franzi" hat sich mit der als humorvoll, liebenswürdig und sympathisch geschilderten Verwandten besonders gut verstanden. Ihre verträgliche Natur machte sie später zu einer der wenigen Vertrauten der als schwierig bekannten Kaiserin Elisabeth. Hildegard erreichte kein hohes Alter. Beim Begräbnis ihres Bruders holte sie sich eine schwere Rippenfellentzündung. Nach alter Tradition verordnete man warme Umschläge, und die Erkrankung verlief dann auch – wie in den meisten Fällen – tödlich. Sie starb im April 1864.

Franz Joseph hat den selbstsicheren, reaktionären Cousin Albrecht ungemein bewundert. Als Kaiser vertraute er ihm später das Amt eines Generalinspekteurs der Armee an und stand in militärischen und auch familiären Belangen ganz unter seinem Einfluß. Erzherzog Albrecht entwickelte sich zur „grauen Eminenz" am Hofe, war bei vielen Habsburgern und bei allen Liberalen verhaßt und bestimmte bis zu seinem Tod im Jahre 1895 nachhaltig die Entscheidungen Franz Josephs.

2. Oktober 1844

Gingen Albert, Dando[83] die Suiten, die Generäle und der Oberst um 8 Uhr in die Messe; dann fuhren wir auf die offene Reitschule, wo zuerst die Officiere und Unterofficiere, dann einige Gemeine einer Schwadron sehr gut ritten und besonders gut Barriere sprangen [...]. Auf der Schießstadt nahm ich von den Offizieren Abschied, worauf wir dort mit ihnen ein Dejeuner einnahmen. Nachdem wir uns zu Hause gerichtet hatten, fuhren wir drey Erzherzoge mit den Suiten, von dem reitenden Officierscorps begleitet von Proßnitz ab [...] wir drey setzten uns [...] in einen Steyrerwagen Alberts und ich kutschierte in 3/4 Stunden auf den Tafelberg von Ollmütz. Es unterhielt mich sehr gut selbst so schnell, in Uniform, so flott fahren zu können [...].

Von Olmütz aus wurde die Heimreise angetreten.

3. Oktober.

Fuhren wir [...] mit der Eisenbahn von Ollmütz ab. Ollmütz gefiel mir recht gut, alle Officiere gehen in Uniform und die Garnison [...] ist recht schön. Wir fuhren sehr schlecht bis Lundenburg, da uns wieder ein Transport und zwar von Urlaubern und Ausgedienten von Friedrich[84] angehängt wurde.

Am 4. Oktober feierte Franz Joseph seinen Namenstag.

[...] ich erhielt von der Großmama mehrere Zeichnungen und von Papa und Mama 100 Gulden mit einem Brief aus Ischl. Wir speisten beym Kaiser und um 4 Uhr kamen die Knaben mit welchen ich in der Orangerie Scheiben schoß. Dann wurde in der Gallerie gespielt, und endlich in Papas Saal ein Gouter eingenommen. Es hat den ganzen Tag geregnet.
Und am 5.Oktober fingen die Lectionen bey mir seyt so langer Zeit wieder an [...] .

6. Sonntag

[...] Wir speiseten beym Kaiser und fuhren um halb 5 Uhr dem Papa bis gegen Purkers-dorf entgegen. Er hatte in Strengberg übernachtet, in Perschling gespeiset und kam mit uns um halb 7 Uhr nach Schönbrunn.

Franz Joseph hatte einen liebevollen Vater, den er gern mochte:

War der 41te Geburtstag des Papa. Ich schenkte ihm einen Stock. Wir speiseten beym Kaiser, hatten bis auf drey Stunden keine Lectionen und gingen alle drey mit Papa und Mama ins Burgtheater.[85]

Erzherzog Franz Karl, ein stiller, frommer und gutmütiger Mann, fand bei Hof wenig Beachtung und blieb auch als Mitglied der „Staatskonferenz" bedeutungslos. In seiner einfachen Art war er zeitlebens von der Auserwähltheit der habsburgischen Familie und der gottgewollten Erbfolge überzeugt. Widerspruchslos nahm er es hin, daß sein dominierender Vater unter dem Einfluß Metternichs seinen schwachsinnigen Bruder Ferdinand zum Kaiser bestimmte. Als Ferdinand I. jedoch 1848 abdankte, begann Franz Karl als nächster in der Thronfolge erneut zaghaft auf kaiserliche Würden zu hoffen. Er mußte jedoch zur Kenntnis nehmen, daß ihn nunmehr seine eigene Frau, die schon jahrelang die Nachfolge ihres ältesten Sohnes lanciert hatte, davon abhielt.[86] Franz Karl hat dann sein Schattendasein weitergeführt und sich mit häufigen Jagden getröstet: *[...] ging Papa auf der Eisenbahn nach Göding um dort zu jagen [...] es wurden 2000 Stück geschossen (26. Oktober 1844). War Papa in Holus auf der Jagd, es wurden 2300 Stücke geschoßen (28. Oktober 1844).* Franz Karl führte die Kinder ins Theater und ging mit ihnen spazieren. Geistige Anregungen konnte er ihnen nicht bieten. Wie der Rest seiner Familie liebte er geruhsame Aufenthalte in Ischl über alles. Er war dort eine populäre Gestalt und begrüßte jedermann leutselig von der Kutsche oder dem Tragsessel aus. Die komplizierten Vorgänge der hohen Politik blieben ihm unverständlich und interessierten ihn auch nicht.

Am 8. Oktober 1844 lag für Franz Joseph und seine Brüder bereits die neue Herbst-tagesordnung vor.

[...] nach welcher wir von neun bis halb 1 lernen, von welcher Stunde wir bis 2 Uhr turnen, exerciren, fechten oder reiten. Nach Tisch gehen wir [bis] halb 6 Uhr spazieren, und lernen dann bis 8 Uhr.

13. Sonntag.

Fuhren wir mit Grfn. Bombelles um 12 Uhr zu Wagen nach Baden, speisten dort auf der Weilburg [...].

Dieser erst 1823 von Josef Kornhäusel fertiggestellte, klassizistische Sommersitz Erzherzog Karls im schönen Helenental bei Baden trug seinen Namen als Erinnerung an die Heimat von Karls Gattin Henriette, einer geborenen Prinzessin von Nassau-Weilburg. Das Schloß war der vielbewunderte Anziehungspunkt des Helenentals. Nach dem frühen Tod Henriettes im Jahre 1829 diente es dem Witwer samt seinen sechs Kindern als Refugium. Zum Besitz gehörte ein riesiger Naturpark, der sich von der Anhöhe der Ruine Rauheneck bis hinunter zum Schwechatfluß erstreckte und ein herrlicher Abenteuerspielplatz war. „Der Onkel Karl führte uns einen Augenblick auf sein Zimmer. Darauf empfahlen wir uns von ihm, und gingen

Mit sechs PS:
Erzherzog Franz Karls
tägliche Ausfahrt.
Radierung von A. Zampis
nach einer Zeichnung
von A. Schaeffer.

Sommersitz:
Die Weilburg bei Baden.
Gouache um 1825.
Unbekannter Künstler.

mit Wilhelm [87] auf das Schloß (Ruine) Rauheneck und hatten oben eine herrliche Aussicht über die ganze Gegend gegen alle Seiten. Darauf gingen wir wieder auf die Weilburg wo wir mit Wilhelms Esel, welcher an einen kleinen Wagen gespannt war, herum fuhren, und herumtobten; auch hatte ich das Glück einige schöne Schmetterlinge zu fangen [...]. [88]

Mitte Oktober 1844 hat Franz Joseph ein neues Tagebuch begonnen.

124

Löwe im Ruhestand:
Erzherzog Karl, der „Löwe von Aspern" (im Jahr 1846),
Ölgemälde von A. Einsle,
und seine Frau Henriette von Nassau-Weilburg,
Ölgemälde von T. Lawrence.

Nro 2

Angefangen den 17 October
1844.
Beendigt den

Nro. 2

Angefangen den 17 October 1844 Beendet den [...] Eh.Franz

17. October

Ging ich mit Onkel Ludwig in die Fasanerie, wo wir im Garne Kaninchen fingen.

18.

Exerzierten wir im Boulingrin und spielten darauf Ballen. Nachmittag schoßen wir in der Fasanerie auf die Scheibe.

19. Kam die Großmama auf die Reitschule.

20.

Speiseten wir beym Kaiser.

Sonntag 21.

Kam die Mama mit Hetzi aus Ischl, Papa fuhr ihr bis Perschling und wir bis Purkersdorf entgegen, wohin sie um halb 7 Uhr Abends kam. Ich freute mich sehr sie wieder zu sehen, sie und Hetzi schauen recht gut aus.

22.

Frühstückten wir wieder nach langer Zeit mit Mama und Hetzi.

Erzherzogin Sophie hat sich im Jahre 1844 vom Mai bis zum 21. Oktober in Ischl aufgehalten. Im Vergleich zum geruhsamen Landaufenthalt verlief ihr Leben in Wien eher hektisch und erforderte eine genaue Planung. Erzherzogin Sophie stand um halb acht Uhr auf, hörte um acht Uhr die Messe und frühstückte mit der ganzen

128

Familie. Anschließend sah sie ihre Post durch, schrieb Briefe und spielte mit „Hetzi". Von zehn bis halb elf wohnte sie dem Unterricht ihrer Söhne bei, ließ sich dann vorlesen und ging aus. Auch das Ankleiden für das von halb drei bis halb vier Uhr statttfindende späte Mittagessen, zu dem oft Gäste kamen, erforderte geraume Zeit. „Franzi" und seine Brüder durften daran nur einmal in der Woche teilnehmen. Zwischen sechs und sieben versammelte sich die Familie im Salon der Erzherzogin, die Klavier spielte oder etwas vorlas. Am Abend waren dann noch umfangreiche gesellschaftliche Verpflichtungen zu erledigen. „Ich hetze mich herum wie ein armes Tier", klagte die Erzherzogin einmal in einem Brief an ihre Mutter.[89]

25. October

Exerzierten wir im Boulingrin, und spielten nach demselben wieder Ballen. Nachmittag gingen wir in die Fasanerie, wo wir wieder im Garne Hasen fingen.

Glockenweihe:
Johannes von Nepomuk-
Kirche in der Praterstraße.

Der junge Erzherzog ahnte nicht, daß seine Mutter, die immer auf der Suche nach weiteren interessanten Lehrern für ihren Ältesten war, an diesem Tag einen Mann kennengelernt hatte, der größten Einfluß auf sie ausüben sollte und in der Kirchenpolitik des Neoabsolutismus eine bedeutende Rolle spielte: Abbé Othmar von Rauscher, Direktor der Wiener Orientalischen Akademie, der spätere Erzbischof von Wien. Seine glänzende Karriere, deren krönender Erfolg das Konkordat mit der katholischen Kirche im Jahre 1855 war, begann er als Philosophielehrer Franz Josephs.[90]

29. October 1844

Fuhren wir um halb 3 Uhr Nachmittage in die Stadt, um in der Leopoldstädter Kirche der Weihe der, für die neue Kirche bestimmten Glocken als Pathen beyzuwohnen. Vor der Kirche standen Bürger. Die Weihe hielt der Weihbischof. Es waren vier Glocken, welche die Nahmen von uns vier trugen. Ich hielt auch statt Hetzi Pathenstelle. Die Weihe dauerte über eine Stunde.

129

Das im „schönsten Styl" entworfene Gotteshaus zum Hl. Johann in der Jägerzeile (Praterstraße) war damals noch in Bau. Mitten im Winter fand dann die Überprüfung des „Geläutes" statt.

„Es war ein erhebender Augenblick als die ersten Klänge mit einem Mahle die Stille unterbrachen, welche in der versammelten Menge, die ehrfurchtsvoll und unbedeckten Hauptes den ersten Schlägen entgegen horchte. Das Probeläuten begann mit der größten unter den vier Glocken und in bestimmten Zeiträumen schlossen sich alsdann die übrigen nacheinander an, so daß am Ende sie alle zusammen ertönten und den mackellosen Accord bildeten [...]", berichtete die „Wiener Zeitung" am 27. Dezember 1844. Mit der „dem Zweck und der Gelegenheit angemessenen" konzertanten Darbietung von Schillers „Lied von der Glocke" unter der unentgeltlichen Leitung von Johann Strauß schloß der Festtag.

30. October

Hatten wir keine Lectionen, da wir in die Stadt übersiedelten [...].

Allmählich sind dann auch die übrigen Mitglieder des Kaiserhauses nach Wien zurückgekehrt. Wie die Kaiserstadt in der Jugend Franz Josephs ausgesehen hat, beschreibt die Engländerin Frances Trollope bei ihrem Besuch im Jahre 1837:

„Wien im eigentlichen, oder besser gesagt im wörtlichen Sinn, ist, um mit Horaz zu sprechen, ‚der geringste Teil seiner selbst'. Die Stadt, vorzugsweise so genannt, der Mittelpunkt des schönen Ganzen, ist von Festungswerken umgeben, welche vielleicht die herrlichste Stadtpromenade in der Welt bilden. Die Höhe der Mauern, welche diese glorreiche Terrasse tragen, wechselt nach den Unebenheiten des Bodens von fünfzig bis siebzig Fuß (ca 15–21 m), und der Spaziergang führt durch mehrere Basteien, verschiedene Pflanzungen an Zierbäumen und ein paar öffentliche Garten, durch welche es nie zu gehen verwehrt ist, und bietet große Abwechslung [...]. An

„Die herrlichste Stadtpromenade der Welt": Wien um 1830–1840. Blick von der Karlskirche aus. Kolorierter Kupferstich nach Rudolf von Alt.

der Außenseite dieser herrlichen Mauer, deren Bauart alle Bewunderung verdient, läuft ein, jetzt in Spaziergänge von großer Schönheit und Anmut sowohl zum Fahren als zum Gehen verwandelter Graben [...]. An dem äußeren Kreise des Grabens erhebt sich das Glacis, welches gleichfalls der Gesundheit und dem Vergnügen der Einwohner gewidmet, an vielen Teilen mit Bäumen bepflanzt und allenthalben mit wohlerhaltenen Gängen und Fahrwegen durchschnitten ist. Dann kommen die Vorstädte, welche außer da, wo der Donaukanal fließt, einen vollkommenen Halbkreis um die Stadt bilden. Die Wohnhäuser der Vorstädte sind fünfmal zahlreicher als die der Stadt [...]."[91]

Ende Oktober 1844 begann für den jungen Franz Joseph ein neuer Lebensabschnitt, der schon mit der Verleihung eines Kavallerieregiments zum Geburtstag angebahnt worden war – der künftige Oberbefehlshaber der kaiserlichen Armee erhielt eine systematische militärtheoretische Schulung.

31. October 1844.

Hatte ich meine erste Lection in der Taktik. Oberst Hauslab trug heute nur die Einleitung vor. Hauptmann Ertl v. Seau wird mir das Abrichtungsreglement jetzt lehren.

Taktische Abrichtung:
Franz von Hauslab,
ein Lehrer Franz Josephs.
Stich nach J. Kriehuber.

5.

Hatte ich meine erste praktische Taktik Stunde, die sehr intereßirte. Ich lerne das Abrichtungsreglement, welches noch nicht heraus ist. Heute lernte ich die Stellung des Mannes.

Auf Rat Erzherzog Karls, des Siegers von Aspern und bedeutenden Militärschriftstellers, war Major Franz von Hauslab engagiert worden, um den jungen Erzherzog in Strategie und Taktik sowie Kartographie zu unterrichten. Vier Jahre waren dafür

131

vorgesehen, und Hauslab legte sofort ein schriftliches Konzept seiner Unterrichts-
methoden vor. „Versuch eines Programms zum Unterricht Seiner kaiserlichen
Hoheit des durchlauchtigsten Herrn Erzherzogs Franz Joseph in den militärischen
Wissenschaften." [92]

Nach Hauslabs Plan lernte Franz Joseph das Kriegshandwerk von der Pike auf.
Zuerst machte er als gemeiner Soldat eine verkürzte Rekrutenausbildung durch, die
dreimal so intensiv war wie die gewöhnliche Ausbildung. In kluger Weise berücksichtigte der Lehrer dabei die Vorliebe des Erzherzogs für Uniformen: Zum Fußexer-
zieren erhält er die Uniform eines Gemeinen des Wiener Infanterieregiments Hoch-
und Deutschmeister Nr. 4, auf der Reitschule darf er im weißen Dragonerrock und
bei der Artillerieausbildung in der braunroten Uniform dieser Gattung erscheinen.
Kriegsgeschichtliche Beispiele ergänzen das Programm. In der Reitschule der Josephstädter Kavalleriekaserne überwand Franz Joseph endgültig seine immer wieder auf-
tretende Scheu vor Pferden.

23. November

Da Morgen das Fest des Goldenen Vließes ist, bey welchem Dando und ich zum Ritter
geschlagen werden, so hielten wir heute um 12 Uhr, mit den Beamten des Ordens im

Rittersaale eine Probe im Costüm.   Dando zog sich bey uns an und aus und wird dises auch Morgen thun.

„Franzi" sollte demnach noch in seinem 15. Lebensjahr das Goldene Vließ, den vornehmsten Orden, den das Haus Habsburg zu vergeben hatte, erhalten. Die am 10. 1. 1429 begründete Ordensgemeinde nimmt für sich den höchsten Rang unter allen christlichen Orden in Anspruch.

„Dando" – Ferdinand d'Este – stieg im Zuge seiner militärischen Laufbahn bis zum Rang eines Feldmarschalleutnants auf. 1847 heiratete er Erzherzogin Elisabeth. Als nach den Feldzügen gegen Ungarn und Italien die Sterblichkeitsrate beim Militär stark anstieg, inspizierte Ferdinand ein Spital, um zu prüfen, ob vielleicht mangelnde Pflege daran schuld sei. Bei diesem Besuch infizierte er sich. Fünf Tage danach starb der 28jährige.

Die für ein würdiges Fest notwendige Generalprobe geriet dank der Anwesenheit des damals 12jährigen „Maxi" zu einem Spektakel. Unberührt vom feierlichen Anlaß machte er Späße, schnitt Gesichter, äffte ungeniert die Leute nach und schritt mit würdevoller Komik zum Thronhimmel, wo „Monsieur Hosenträger" – der Tanzmeister Bretel – den ältesten Goldenen-Vließ-Ritter mimte und den Kandidaten Instruktionen erteilte.

Kostümprobe:
Franz Joseph mit dem Orden
vom Goldenen Vließ.
Lithographie von F. Krepp.

23. November – Fortsetzung

Ich speisete um 3 Uhr bey der Mama, wo auch Onkel Ludwig aß. Er hat einen starken Husten, der ihn verhindert heute Abends und Morgen den Festlichkeiten beyzuwohnen.

Rang und Namen:
Vließ-Orden-Fest im
Zeremoniensaal der Hofburg,
1852.

Um 5 Uhr gingen Dando und ich nur in der scharlachrothen Tunika in ein Nebenzimmer, wurden dann vom Landgrafen Fürstenberg in den Ballsaal geführt und warteten dort, bis der Grf. Kollowrath als Doyen des Ordens, und der Wappenkönig uns in das Kapitel führten, welches in der geheimen Rathsstube gehalten wurde.

„Maxi", das „Enfant terrible" des Vortags, wohnte der Feier bei, wurde aber entsprechend beaufsichtigt, so daß die Zeremonie ohne Störung verlief.

Hier empfingen wir kniiend das Statutenbuch vom Kaiser, und darauf ging man im Zug. Dando und ich vor allen Beamten und Rittern des Ordens, das Statutenbuch unter dem Arm, in die Vesper. Aus welcher man wieder im Zuge zurückkehrte. Abends war für

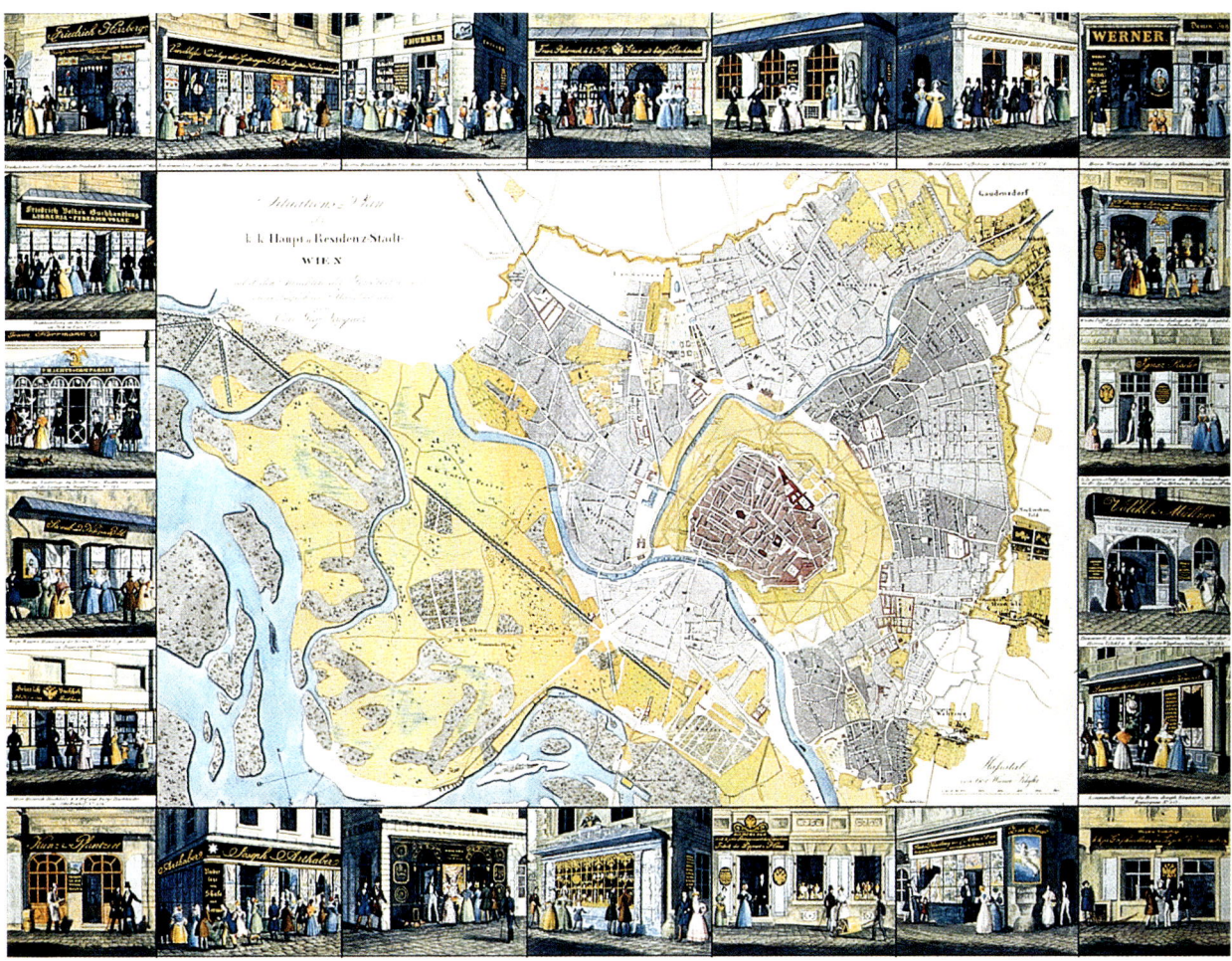

die Familie Thee und Lotto Dauphin. Albert hatte das Fieber bekommen und erschien nicht bey der Vesper, ebenso Onkel Ludwig und Onkel Karl nicht.

Einkaufsstadt Wien: Stadtplan mit „Gewölben der vorzüglichsten Handelsleute". Kolorierte Federlithographie.

24. Sonntag

Gingen wir Canditaten in vollem Costume in das gestrige Nebenzimmer, wurden dann wieder in den Ballsaal geführt, wo uns wieder die gestrigen Herrn abholten und in den Rittersaal führten. Hier las ich vor dem Thron die Antrittsrede; darauf empfingen wir nach und nach den Ritterschlag, schwörten und empfingen die Kolane, wobey ich vergaß dem Kaiser die Hand zu küssen [...].
Beym Diner beym Kaiser waren wir in weißer Cravatte und goldenem Vließ um den

Hals. Diese Funktion freute mich sehr. Auch daß ich heute zu den Visiten wieder ein-mahl habe können Uniform anziehen..

Der jüngere Bruder Karl Ludwig meinte dazu nur lapidar: „Mittags um halb 11 Uhr war die große Toisonverleihung für den Franzi und den Dando. Es waren sehr viele Menschen. Es war sehr schön."[93]

„Etwas Großartigeres ist noch nicht gesehen worden":
Das neueröffnete Odeon,
1845.
Kolorierte Lithographie.

1844 entstand in der Wiener Leopoldstadt ein neues privates Vergnügungsetablissement für 10.000 Besucher. In Größe und Ausstattung sollte es alle anderen Gebäude dieser Art übertreffen. Franz Joseph besichtigte an dem Tag, an dem er mit seiner Mutter die Weihnachtseinkäufe tätigte, die imposante Baustelle.

20. December 1844.

Gingen wir mit der Mama in die Boutique zum Chinesen, um einige Spielsachen ein-zukaufen, fuhren dann mit ihr in die Leopoldstadt, wo wir einen sehr großen im Bau begriffenen Saal, in welchem Feste gegeben werden sollen ansahen [...].

Das Odeon eröffnete bereits wenige Wochen später. Die „Wiener Zeitung" berichtete dazu enthusiastisch: „Lange schon hat die Hauptstadt das Bedürfniß gefühlt, eine

Alles Walzer!:
Tanz im Odeon.
Nach einer Lithographie
von 1845.

größere Privat-Localität [...] zu besitzen, da dem faschingslustigen Publicum die bisher bestehenden Tanzsäle zu klein wurden [...] etwas Großartigeres ist hier noch nicht gesehen worden, und dieser Saal überbietet sogar den einst beliebten Apollosaal; da hier alles eben ist, und ein Überblick gewährt wird, der ans Märchenhafte gränzt. Es ist Alles im herrlichen Einklange, die majestätische colossale Größe des Saales, der kühne Schwung der Kuppel, die Schlankheit und Festigkeit der stützenden Säulen, die leichte Spannung der Gallerie, die Eleganz und Sinnigkeit der Mahlerey. Den Anfang und das Ende des Saales nehmen Blumenbosquets und Blumenanlagen ein, an den vier Ecken sprudelt aus Drachenköpfen krystallklares Wasser in Steinmuscheln. Den zweyten Garthenteil schmückt das Standbild Sr.Majestät des Kaisers."[94] Die Einweihung des Monsterbaus erfolgte mit einem grandiosen Ball. Johann Strauß dirigierte.

Die Wiener konnten die Pracht des Odeons nicht lange genießen. Als am 28. Oktober 1848 die kaiserlichen Truppen unter dem Oberbefehl von Fürst Windischgrätz die Hauptstadt beschossen, ging das Leopoldstädter Etablissement in Flammen auf.

Es ist interessant, daß die Familie Erzherzog Franz Karls, die gerne ins Theater ging und Konzerte hörte, nie einer Aufführung von Johann Strauß, dem „modernen Helden Österreichs", beiwohnte, der 1846 Hofballmusikdirektor geworden war. Heinrich Laube, der spätere Burgtheaterdirektor, hat beschrieben, mit welchem Enthusiasmus die Wiener den Walzerkönig feierten: „Der Vater zeigt ihn seinem Kinde, die geliebte Wienerin ihrem fremden Freunde, der Gastfreund dem Reisenden. ‚Das ist ER!' – ‚Wer?' – ER!" Jeder neue Walzer des Maestros wurde mit donnerndem Applaus begrüßt."[95]

24. Weihnachtsabend.

Wie gewöhnlich waren die Bäume bey der Mama und bey der Großmama. Bey der ersteren um 6 Uhr. Ich erhielt von Papa und Mama ein Bild vom Rückzug im Jahre 12 von

Albrecht Adam,[96] eine Puppe, eine Zeichnung von Treml, das Werk von Albrecht Adam über den russischen Feldzug, eine Bolzbüchse sammt Scheibe und Schnupftücher. Von Großmama die Schlacht von Kaldiero von Russ,[97] eine Reitgerthe, eine Brieftasche, eine Puppe, eine Bussole, ein Engagement Büchel und einen Baumkuchen. Es waren zugegen der Kaiser, die Kaiserin, Banko,[98] die Herren und Damen von Dienst, unsere Herren, die Damen von der Mama, der Prinz Weimar, die Tante Amelie, der Prinz Wasa, die Grfin. Dietrichstein, der Graf Ledochowski. „Die Mama blieb natürlich zu Hause. Und las uns vom Weihnachtsabend vor", wußte Karl Ludwig zu berichten.[99]

Schlachtenbilder als Geschenke für einen 14jährigen erscheinen, vom heutigen Standpunkt aus gesehen, recht ungewöhnlich. Daß man den Geschmack Franz Josephs getroffen hatte, geht jedoch aus seiner Eintragung vom 17. Dezember 1844 hervor: *Erhielt ich von Papa und Mama nachträglich zu meinem Geburtstag die Schlacht von Lützen von Geiger [seinem Zeichenlehrer]. Sie ist herrlich ausgefallen und stellt den Moment vor, wo Papenheim fällt.[100]*

Am 1. Januar 1845 machte man wenig erfolgreiche Neujahrsvisiten.

Kommunizirte ich mit Mama und Papa um halb 8 Uhr in der Josephikapelle. Wir gingen mit Mama zur Großmama, zu den Onkeln Ludwig und Johann welche beide letzteren nicht zu Hause waren. Dann mit Grafen Bombelles zum Onkel Karl, welcher nicht zu Hause war, zum Wilhelm und zur Marie, und endlich zur Tante Amelie und zum Prinzen Wasa, welche letzteren uns nicht empfingen.

8. Jänner 1845

Führten mich Papa und Mama ins Burgtheater, wo ein neues Stück von Bauernfeld gegeben wurde.

Die „Kunst-Nachrichten" berichteten über die Premiere von „Ein deutscher Krieger" in patrio-

Schwedenprinzessin: „Tante Amelie", Amelie Marie Charlotte, Prinzessin von Schweden, starb 1853. Lithographie von Kriehuber nach einem Gemälde von A. Schrotzberg.

tischer Weise: „Die Handlung dieses Stückes spielt in der Zeit der Verwirrungen, welche dem langwierigen Kampfe folgte, der in der Geschichte Deutschlands als der unheilvolle dreyßigjährige Krieg bekannt ist, [...] und an dessen Ende Niemand gewonnen hatte, als eben nur die Fremden, welche den Zwist der Deutschen Brüder benutzten [...]. Im Elsaß, jenem Landstrich jenseits des Rheins, den der Fremde sich zur Habe auserkoren, begegnen wir dem löwenkühnen Oberst, der an der Spitze einer mutigen Freyschar in das Französisch gewordene Gebiet eingefallen und eben im Begriff ist, dem geschlagenen Feind die eroberte Provinz abzunehmen [...].“ Erzherzogin Sophie gefiel das Stück. Seit der Absetzung der Bourbonen in der Julirevolution 1830 hegte sie eindeutig franzosenfeindliche Gefühle und sparte auch den Kindern gegenüber nicht mit verächtlichen Bemerkungen für das ihrer Ansicht nach illegale und anarchistische Regime des Bürgerkönigs Louis Philippe. In der Bevölkerung erhitzten damals die Forderungen Frankreichs nach „Kompensationen“ am Rhein die Gemüter. Man sang: „Sie sollen ihn nicht haben, den deutschen freien Rhein!“

Der Fasching war eine Zeit, die man in Wien das ganze Jahr lang herbeisehnte. Die Engländerin Frances Trollope berichtete voll Staunen über die Vergnügungssucht der Wiener: „Eine Einladung jagt die andere und es wird unmöglich, sie alle aufzuzählen [...]. Bei Hof ist jeden Montag Ball. Fürstin Metternich ließ verlauten, daß jeden Samstag Hausball sei, die gewohnten Empfangsabende jedoch beibehalten werden. Prinz Wasa von Schweden hat zwei Bälle angekündigt. Zweimal wöchentlich findet ein öffentlicher Maskenball im Redoutensaal, der zur Burg gehört, statt [...] unter all diesen Vergügungen fiel mir auf, daß die glanzvollsten Feste des Winters von der Gastfreundschaft auswärtiger Diplomaten bestritten werden [...].“ Auf jeden Fall hatte der Wiener Fasching einen derartigen Ruf, daß auch Herzog Max in Bayern, der spätere Schwiegervater Franz Josephs, fast jedes Jahr – alleine – aus dem durchaus sinnesfreudigen München zu Bällen nach Wien eilte und sich köstlich unterhielt: „Das muß man sagen, ein schönes Blut haben sie hier.“

Ein Nebeneffekt des Faschings war auch, daß selbst die erbittertsten Feinde bei Hof einander ein langes Leben wünschten. Verstarb nämlich ein Angehöriger des Kaiserhauses, dann wurde die rauschende Folge von Festivitäten empfindlich durch die sofort angeordnete Hoftrauer gestört.

Der Fasching des Jahres 1845 ließ für Franz Joseph und seine Brüder nichts zu wünschen übrig.

In der Josephikapelle: Franz Joseph bei der Heiligen Kommunion. Aquarell von J. Dallinger, 1842.

Kritzelei:
Skizzenentwürfe
von Franz Joseph, um 1845.

7. Jannuar.

Kam um halb 6 Uhr ein Zwerg zu uns der nicht viel größer als der kleine Ludwig ist.
Großmama, Mama und Ludwigen waren bey uns um ihn zu sehen [...].

9. Jannuar.

Abends gingen wir mit dem kleinen Ludwig auf die Gallerie um dem Hofballe zuzusehen.

13.

Gab um 7 Uhr Abends die Großmama einen Hofball für Kinder von 8 Jahren angefan-
gen. Wir unterhielten uns sehr gut.

16.

War Kammerball, auf welchem Banco[101] wegen dem Tod des alten Prinzen Moritz von
Nassau,[102] nicht tanzen sondern nur zusehen konnte.

20. Jannuar

[...] Um 8 Uhr gingen wir mit Mama zu Metternich, wo ein Adolescenten Ball war. Wir
unterhielten uns prächtig, tanzten sehr viel, ich alles und kamen erst um 2 Uhr nach Hause.

21.

War Kammerball [...].

Am 24. Januar ging Franz Joseph ins Theater.

Nahmen mich Papa und Mama Abends in das Burgtheater mit, wo zum ersten Male Waldemar gegeben wurde und ausgelacht wurde.

Waldemar, ein Schauspiel in fünf Akten von Franz von Braunau, fiel bei der Premiere durch. Niemand war berührt von dem Melodram über das sonderbare Schicksal eines Waisenkindes. Der Theaterkritiker der „Wiener Zeitung" schrieb, daß nur Shakespeare einen derartigen Stoff bewältigen könne, lobte die hübschen Dekorationen und schloß: „ [...] daß das Stück entschieden mißfallen hat, indem in diesem Falle Publicum und Kritik, wie sonst selten, gar wunderbar zusammenstimmten."103

1. Februar

*War Adolescentenball in der Reichskanzley, welchen Großmama für Adolescenten von 14 bis 18 Jahren, mit einigen Ausnahmen gab. Ismael Bey,*104 *der schon bey Metternich getanzt hatte, tanzte wieder.*

4. Februar

Hatten wir ein lustiges Faschingsfest. Max masquirte sich Abends als Dame. Um halb 10 Uhr abends kamen Hildegard, Marie und Albert in Dominos und wir gingen mit ihnen zur Großmama, welche langmächtig brauchte, bis sie sie erkannt hatte. Besonders

*„Ein schönes Blut haben
sie hier":
Fasching in Wien – Annoncen
der Wiener Zeitungen.*

The Prince of the Hearts: Erzherzog Ferdinand Maximilian war äußerst beliebt.

gewährte ihr Onkel Ludwig, der Alberts Maske genommen hatte viel Mühe.

Der stets zu Späßen aufgelegte Ferdinand Maximilian hatte sich mit Kleidern der Kammerdienerin seiner Mutter als Frau verkleidet. In diesem Aufzug erschien er dann im Zimmer des kleinen Ludwig, der gerade zu Bett gebracht wurde. Die Tatsache, daß ihn der Kleine nicht erkannte, beflügelte Maxi ungemein. Er weihte daraufhin Franz Joseph ein. Dieser fand die Verkleidung höchst täuschend und führte seinen Bruder sogleich zur Großmutter (der sogenannten Kaiserin-Mutter). Dort wurde Maxi dann als soeben aus Modena gekommene Cousine präsentiert.

Ferdinand Maximilian – „Maxi" – war phantasievoll, lebendig und witzig, zog stets die Aufmerksamkeit auf sich und unterschied sich sehr wesentlich von dem ernsten, pflichtbewußten Franz Joseph, dem er deutlich zeigte, wie überlegen er sich ihm fühlte. Gleichzeitig hat er den Älteren jedoch seiner künftigen Stellung wegen sehr beneidet. „Ich muß sagen, daß unter den Buben Franzi von allen der besterzogene ist", bemerkte Erzherzogin Sophie. „Maxi aber gewann alle Herzen." Der Unterschied der Charaktere kommt auch in den Tagebüchern der Brüder zum Ausdruck. „Was habe ich am 2. 1. dieses Jahres hier in dieses Buch geschrieben?"

heißt es bei dem jüngeren Maxi in eloquenter Rhetorik. „Bei diesen Fragen sieht es schlecht aus. Versuchen wir es noch einmal und es soll gehen [...].“[105] Es war auch Max, der beim Tod der Schwester die weinende Mutter tröstete: „Kind kann ich Ihnen keines schenken, aber vielleicht einen Affen!“ Später hatte Ferdinand Maximilian größte Schwierigkeiten, sich dem kaiserlichen Bruder unterzuordnen, und es kam ständig zu Streitigkeiten. In der Annahme der Krone Mexikos sah Maximilian schließlich eine Möglichkeit, seinen großen politischen Ehrgeiz zu befriedigen. Franz Joseph zwang ihn damals allerdings zum Verzicht auf sämtliche Rechte als Erzherzog von Österreich. Das mexikanische Abenteuer endete tragisch, und Maximilian wurde 1867 in Queretaro erschossen.[106]

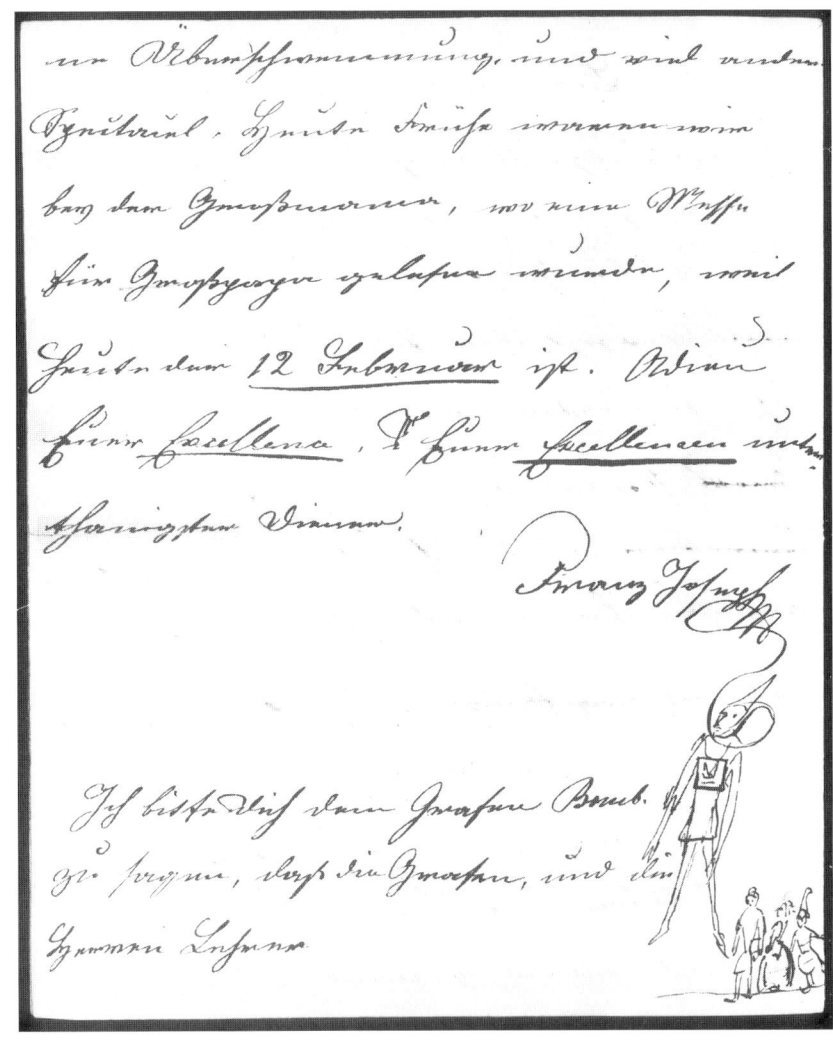

12. Februar

Gingen wir um halb 9 Uhr zur Großmama um mit der ganzen Familie in der Kapelle vom Großpapa zu hören.

Spaßige Note:
Brief Franz Josephs an seinen
Bruder Maximilian.

1845 warfen die Unruhen in der Schweiz ihre Schatten nach Österreich. Franz Joseph berichtete von den Truppenkonzentrationen an der Reichsgrenze in Vorarlberg.

29. März 1845

Gestern und heute sind die beyden Bataillons von Friedrich [Erzherzog Friedrich] auf der Eisenbahn aus Ollmütz angekommen. Sie fuhren nach Gratz um dort Eh. Friedrich abzulösen, welches nach Innspruck marschirt ist, weil G. H. Baden aus Innspruck nach Bregenz marschirt ist um dort mit dem schon dort befindlichen Jägerbataillon, einer aus Wels kommenden Division von Liechtenstein Cheveaux legers und einer aus Linz kommenden Batterie, eine Brigade unter dem Befehle des Grfn. Lichnowsky zu bilden. Sie ist gegen die Schweizer Unruhen dort aufgestellt.

In der Schweiz war schon seit 1830 der Liberalismus in einzelnen Kantonen auf dem Vormarsch. Das Ziel einer gesamtschweizerischen Erneuerung war von national-staatlichem Gedankengut geprägt, das sowohl in den konservativen katholischen Kantonen als auch im Ausland auf Widerstand stieß. 1847 sollten die Gegensätze dann im „Sonderbundskrieg" eine gewaltsame Lösung erfahren. Die katholischen Kantone unterlagen, die parlamentarische Demokratie siegte und ein zentralistischer, neutraler Bundesstaat entstand.

1845 nahm die militärische Erziehung Franz Josephs bereits viel Zeit in Anspruch.

21. April

Exercirte ich im Cavallerie Zuge in Meidling und zwar im ersten Gliede [...].

22.

Exerzirte ich im zweyten Glied mit dem Ulahnen Zuge immer in Meidling.

23.

Plänkelten wir im Feuer und exerzirten in Meidling.

24.

Kamen die Großmama und die Mama mit den Gräfinnen Schönborn und Amade[107] und die Amie[108] zum exerziren nach Meidling. Ich war als Gemeiner und auch als Flügelcharge im ersten Gliede.

Es entsprach ganz der Tradition im Hause Habsburg, daß ehemalige Angestellte wie die „Aja" Baronin Sturmfeder, liebevoll „Amie" genannt, noch lange nach ihrem Ausscheiden aus dem Dienst mit der Familie eng befreundet blieben. „Amie" behielt sogar ihre Wohnung in der Hofburg, obwohl dort ständig Platzmangel herrschte. Die loyale „Amie" Sturmfelder galt dann auch im Sturmjahr 1848 als Teil der sogenannten „Hofcamarilla".

Bei Donner und Blitz: Überschwemmung nach Wolkenbruch bei Nußdorf. Nach einem Aquarell von L. Russ.

24. April – Fortsetzung.

Nachmittage kam ein fürchterliches Donnerwetter, es schlug ein und brannte an zwey Orten, die Alservorstadt wurde durch einen Wolkenbruch überschwemmt, man spricht von einigen Ertrunkenen. der gewölbte Alserbach sprengte das Gewölbe [...].

„Franzi" war auf seine Gewandtheit beim Exerzieren sehr stolz und kannte das sogenannte „Exercier-Reglement" auswendig. Er liebte es, seine Künste vorzuführen.

25. April

Heute fing die neue Frühjahrs Tagesordnung an; ich exerzire jetzt von 3/4 auf 7 Uhr bis 8 Uhr frühe in Meidling. Wir gehen von 9–10 Uhr und von 5 bis 1/2 7 Uhr aus. Ich stehe jetzt so wie schon heute um 6 Uhr auf nach Meidling zu fahren [...].

26.

Exerzirte ich wieder. Abends gingen wir mit der Mama in die zwey neuen Menagerien im Prater, deren größere sehr schöne und seltene Sachen enthält.

28. April

Kommandirte ich den Zug zum ersten Male auf dem Exerzirplatze der Schwadron beim Gatterhölzl. [109]

Zwischen den Militärübungen, die teilweise zu Ehren des Kronprinzen von Würtemberg abgehalten wurden, fanden die alljährlichen Prüfungen statt. Sie hatten gegenüber dem Vorjahr bereits einen Großteil ihres Schreckens verloren, und Franz Joseph gab sich gelassen.

8. Mai

Abermals schriftliche Prüfung. Es war auch ein Dejeuner dansant im Kaisergarten. Wir kamen auf eine Zeit lang hinunter und tanzten zwey Quadrillen.

Der Kaisergarten wurde zwischen 1819 und 1823 zugleich mit dem Volksgarten angelegt. Er stand mit der Hofburg in unterirdischer Verbindung und war für die Mitglieder des Kaiserhauses bestimmt.

Wieder mündliche Prüfung. Dieselben gingen bey mir nicht gut genug und ich muß mich anstrengen im nächsten Semester beßer zu lernen. Um 4 Uhr Nachmittags war Parade vor dem Kronprinzen auf dem Glacis [...].

12.

Hatten wir das Prüfungs Diner. Alle Lehrer außer dem Tanz und Turnlehrer und dem Herrn Lobic, welcher krank ist, waren dabey. Abends war bey Metternich Ball, auf welchem ich war und auf welchem ich bis 12 Uhr blieb.

Es war für Franz Joseph eine große Freude, als „sein Regiment" nach Wien kam.

13.

Ritt ich um halb 10 Uhr mit Albert und einer zahlreichen Suite von der Bellaria weg, und über die erste Taborbrücke, wo die Oberlieutnants Division meines Regimentes aufgestellt war. Wir begleiteten dieselbe nun bis in die Allee, welche vom Prater zum Augarten führt, wo sie sich aufstellte, und wo zum Gebete geblasen wurde. Sie ist heute und Morgen in den Gasthäusern der Leopoldstadt einquartirt und rückt am 15. nach der Parade in die Leopoldstädter Kaserne ein. Sie haben einen schlechten Marsch gehabt und sehen deßwegen locker aus.

Gartenarbeit:
Der Kaiser- oder Burggarten,
1825.
Gouache von N. B. Bittner.

Treffpunkt Taborbrücke:
Hier empfing Franz Joseph
sein Regiment. Im Hinter-
grund Leopoldsberg und
Nußdorf.
Aquarell von T. D. Raulino.

14.

Hatte ich die Produktion aus der Infanterie. Alle Erzherzoge, der Kriegspräsident, der General Nobili und Suiten, der Oberst Habermann u. der Rittmeister Sachs waren im Kaisergarten. Ich kommandierte den Zug, exerzirte die Handgriffe und focht Bajonette.

Am 15. Mai führte Franz Joseph sein Regiment dem Kaiser vor.

15.

Ritt ich um 3/4 auf 9 Uhr von Hause weg um mich an die Spitze meiner Division zu setzen. Dieselbe und Nikolaus Husaren (wegen dem starken Dienste 5 Divisionen) lösten die Ulahnen ab. Der Kaiser kam mit einer sehr zahlreichen Suite hinaus. Ich führte ihm die Division vor, welche so wie auch die beyden Regimenter, sehr gut aussahen.

Trotz Prüfungen, Exerzieren und Paraden wurde in der Hofburg auch noch eifrig für ein französisches Theaterstück geprobt, das am Abend des 15. Mai, eines für Franz Joseph sehr anstrengenden Tages, aufgeführt wurde.

15. Mai – Fortsetzung

Es ist der Namenstag der Mama und der Geburtstag des kleinen Ludwig. Der ersteren zu Ehren gaben wir um halb 8 Uhr Abends eine französische Comödie, in den unter uns befindlichen Zimmern; sie ist von Berquin[110] und von dem Abbe Mislin vergrößert. Sie fand sehr viel Beyfall und freute die Mama sehr, welche diese Überraschung erst gestern erfuhr.

Die Anwesenden notiert Franz Joseph etwas ungelenk:

Es waren alle nicht mit spielenden und alle Verwandten aller Kinder, so wie der Hof, meistens ohne Suiten, eingeladen. Der Zethel ist folgender:
„Le siege de Cholchestre" (Die Belagerung von Cholchester.)
Drame en 2 actes
Berquin

Franz Joseph spielte als Lord Capell die Hauptrolle, Erherzog Max Ferdinand gab Arthur, seinen Sohn, und Erzherzog Karl Ludwig stellte einen Freund von Lord Capell dar. Die anderen Schauspieler rekrutierten sich aus dem Kreis der sogenannten „Knaben", dem Freundeskreis der jungen Erzherzöge. Dazu gehörten Richard Metternich, Charles Bombelles, Franz Coronini, Marc Bombelles, Rudolph Falkenhayn, Denes Szechenyi und Franz Falkenhayn.

17. Mai 1845

Führten uns Papa und Mama in die Industrie Ausstellung welche im Polytechnikum und in einem großen hölzernen Gebäude vor demselben aufgestellt ist. Sie ist magnifique, sehr reich und mit sehr viel Geschmack zusammengestellt. Wir sahen nur einen Theil derselben. Ich ritt im Prater.

„Vornehme Schaulust":
Die Industrieausstellung 1845.
Stich.

18. Sonntag

Waren wir wieder in der Gewerbeaus-stellung. Abends fuhren wir auf den Laaerberg.

21. In der Industrieausstellung.

Die von der kaiserlichen Familie mit so viel Ausdauer besuchte Gewerbe-ausstellung – bereits 1835 und 1840 hatten ähnliche Veranstaltungen stattgefunden – stieß in Handwer-kerkreisen auf erbitterte Ablehnung: „[...] eben so wenig können wir dar-über jubeln, dass man für die Aus-stellung von Gewerbeerzeugnissen kostspielige Paläste baut, während tausende von denen, welche diese für vornehme Schaulust ausgestellten Produkte verfertigt, in elenden Löchern ein elendes Dasein fristen."[111] Tatsächlich war 1845 ein Katastrophenjahr. Nach einer Mißernte kletterten die Getreide-preise um 120 Prozent. In weiten Teilen Österreichs hungerte die Bevölkerung, und in Wien machte die Hälfte der Gewerbetreibenden Bankrott.

16. Juni

Kam der König von Sachsen[112] um 3 Uhr an. Er hat eine Reise in Mähren, den Karpa-ten dem Banate und der Militärgränze gemacht. Nachmittage gingen wir zum Baron Hügel, wo wir den König, die Tante Marie, die Großmama, Papa u. Mama, den Onkel Ludwig und den kleinen Ludwig fanden. Um 8 Uhr war hier Theater, man gab: er muß aufs Land, und ich unterhielt mich sehr gut.

Ansicht des Industrieausstellungsgebäudes zu Wien am Eröffnungstage.

18. Juni

Wurde Nachmittage nach Laxenburg gefahren, wo Pirutschade, [Kutschenfahrt] Schiffahrt, Türkische Musick und Gute waren.

Die „Franzensburg" und der riesige Park von Laxenburg waren ein beliebtes Ausflugsziel der Familie Habsburg. Vor allem zeigte man Besuchern gerne die romantische Ritterburg inmitten des aufgestauten Schwechatflusses, an der „Franzis" Großvater (Kaiser Franz I.) sein Leben lang gebaut hatte.

Im Frühsommer 1845 entfaltete der junge Franz Joseph besonderen sportlichen Ehrgeiz, da ihm eine große Mutprobe bevorstand.

Kamen die Mama, die Tante Marie und die Großmama auf die Schwimmschule um uns schwimmen zu sehen. (14. 6. 1845)

5. July

Fuhren wir um halb 7 frühe in die Militärschwimmschule und schwammen daselbst, damit ich die kältere Temperatur der Donau kennen lerne, weil ich bald über dieselbe schwimmen soll.

Am 9. Juli war es dann so weit und Franz Joseph meldete triumphierend: *[...] schwamm ich [...] über die Donau.*

Die Eltern Franz Josephs klagten oft, wie schwer ihnen jede Trennung von ihren Kindern falle, überließen ihre Söhne, mit Ausnahme des jüngsten, aber oft monatelang der Obhut von Erziehern. Auch im Sommer 1845 blieb Franz Joseph in Schloß Schönbrunn zurück. Er tat es nicht gern.

Am 31. [Juli 1845] sind die Mama, der Papa und der kleine Ludwig nach Ischl abgereiset. Wir frühstückten von diesem Augenblick fast täglich bey der Großmama, welche aber am 10. August auch nach Ischl ging [...].

Nach der Abreise der Großmutter schrieb Franz Joseph an seine Mutter: „Liebe Mama! Vor zehn Minuten ist die Großmama abgereiset. Wir unterhalten uns recht gut, und wenn Sie, Papa und Bubi da wären, wären wir ganz glücklich. Wir sind ganz Jäger geworden, einige Male waren wir schon im Gatterhölzl, Kaninchen zu schießen. Donnerstag nahm mich Onkel Ludwig in den Lainzer Tiergarten mit, wo ich drei Damböcke und ein Wildschwein schoß [...]. Gestern schoß ich einen Fuchsen, welcher im Fasangarten gefangen worden war und im Obstgarten ausgelassen wurde [...]. Gar nicht trösten kann ich mich darüber, daß von 1. September an bis zum 29. auf der Schmelz [Exerzierplatz im heutigen 15. Wiener Gemeindebezirk] ein kleines Lager stattfinden wird [in der Zeit der Bildungsreise] [...] alle Abend wird eine türkische Musik daselbst spielen und der Zapfenstreich mit zwei Musikbanden stattfinden. Ich kann Ihnen nicht sagen, wie leid es mir tut, die Herrlichkeit nicht sehen zu können [...]."

Klagen dieser und ähnlicher Art zeigten keine Wirkungen und bewirkten auch keine Änderungen im Zeitplan. Sommerferien im herkömmlichen Sinne waren Franz Joseph damals nicht mehr vergönnt, obwohl er in den Hauptgegenständen einige Fortschritte machte. Mit klarer, gestochener Schrift schrieb er gute, wenn auch nüchterne Aufsätze. Mit der Mathematik kämpfte er und hatte an ihr auch keine Freude. Geschichte und Naturlehre bei dem Lehrer Dr. Joseph Fick, der ihn ganz im Sinne der herrschenden Politik indoktrinierte, gefielen ihm. Bald haßte „Franzi" alle freiheitlichen Bestrebungen, und das Wort „Verfassung" schien ihm ein Schreckgespenst.

17. August – Sonntag

Wir fuhren um halb 3 Uhr Papa nach Nußdorf entgegen, welcher auf dem Dampfschiffe kam. Seine Ankunft erregte wehmütige Sehnsucht nach Ischl und den dort wohnenden.

Der Vater brachte Post mit, auf die Franz Joseph noch am Abend antwortete.

„Liebe Mama!
Wie viel Dank bin ich Ihnen für Ihren lieben Brief und für die 100 fl. [Gulden] schuldig [...]. Mögen alle Wünsche, die Sie zu meinem Geburtstag machen, erfüllt werden! Gott gebe, daß ich alle Vorsätze, die ich zu meinem 15. Geburtstage mache, in Ausführung bringe, damit ich Ihnen immer recht viel Freude mache [...].[113]

Franz Joseph feierte dann seinen Geburtstag in Gesellschaft des Vaters, der stellvertretend für den Rest der Familie nach Wien gekommen war.

18. August 1845

Mein Geburtstag und zwar der 15te. Fünfzehn Jahre alt, nur mehr wenig Zeit zur Erziehung; also muß ich mich sehr Anstrengen mich zu beßern. Die Mama schrieb einen Brief, der mich unendlich freute und sogar Bubi schrieb, von Mama geführt einige Zeilen.

15 Gulden für eine Kabine: Schiffahrtsannoncen in der „Wiener Zeitung".

Die Jagdlust des 15jährigen Franz Joseph hatte damals schon ungewöhnliche Ausmaße erreicht. Stolz berichtet er in Briefen an seine Mutter von Rebhühnern und Hasen, Füchsen, Damböcken und Wildschweinen, die er in immer größerer Zahl zur Strecke brachte. Auch der Geburtstag mußte mit einer Jagd gefeiert werden.

Wir speiseten mit Papa beym Kaiser, von wo wir, nämlich Papa Onkel Ludwig und ich […] auf den Bärenberg im Thiergarten fuhren, wo eine kleine Hirschjagd abgehalten wurde, bey welcher ich drey Hirschen und ein Kalb schoß.

Erst Ende August durfte Franz Joseph – nur für kurze Zeit und auf der Durchreise – seiner Familie in das „himmlische Ischl" folgen. Die Reise ging – bis zur Eröffnung der Westbahn – immer nach dem gleichen Schema vor sich.

27. August 1845

Wir machten unsere Abschiedsvisiten.

28. August 1845

Fuhren wir um 8 Uhr frühe mit dem Dampfschiffe „Johann" von Nußdorf weg und kamen am

29.

Um 1/2 11 Uhr Morgens in Linz an, nachdem wir die Nacht auf dem Schiffe zugebracht hatten. Wir fuhren alsogleich auf der Pferde Eisenbahn nach Gmunden, speiseten daselbst und fuhren um 5 Uhr mit dem Dampfboote über den See [nach Ebensee] und dann mit Hofwagen nach Ischl, wo wir den Papa, die Mama, den kleinen Ludwig [...] fanden.

Um die Reise tatsächlich, wie Franz Joseph und seine Brüder, in nur zwei Tagen bewältigen zu können, mußte man zeitig aufstehen. Täglich um 6 oder 8 Uhr ging ein Dampfschiff der k.k. priv. Ersten Donau-Dampfschiffahrtsgesellschaft vom Landeplatz in Nußdorf bei Wien ab. Die Fahrt nach Linz dauerte 30 bis 32 Stunden und war nicht billig. Falls man die Nacht nicht auf harten Holzbänken zubringen wollte, dann zahlte man für eine Kabine 15 Gulden. Anschließend folgte eine siebenstündige Fahrt mit der Pferdeeisenbahn (1 Gulden 20 Kreuzer), und schon war man in Gmunden. In einstündiger Schiffahrt (50 Kreuzer) brachte man die Reisenden nach Ebensee, wo sie das letzte Wegstück in sogenannten „Gesellschaftswagen" zurücklegten.

Man konnte aber auch mit dem k.k. Eilwagen in nur 22 Stunden von Wien nach Linz fahren oder die ganze Strecke im Fiaker zurücklegen, der dann allerdings fast fünf Tage unterwegs war. Trotz dieser Mühen, die fast an eine Expedition erinnern, haben viele Habsburger die Strecke Wien – Ischl mehrmals jährlich bewältigt, manchmal nur, um ein bis zwei Tage in der Residenzstadt zu sein. Wie die Rückreise per Schiff auf der Donau verlief, ist ebenfalls aus einer Schilderung Franz Josephs vom 27. September 1844 bekannt. Sie klingt sehr idyllisch.

Fuhren wir um 7 Uhr auf dem Dampfschiffe Johann von Linz ab. Das Schiff war sehr voll, besonders befanden sich sehr viele Wägen auf dem selben, welche sehr in der Aussicht störten. Wir hatten herrliches Wetter und so war mir die Fahrt, obwohl ich sie schon von Regensburg bis Wien gemacht hatte, sehr angenehm. Die Gräfin Josephine Wallis und ihre Reisegefährtin [...] waren auch mit. Ich saß meist auf dem Bock unserer Pricka, [Kutsche] um die Gegend beßer zu sehen. Das Schiff ist sehr rein und elegant, und das Diner, welches wir um halb 3 Uhr, nach der Table d'hote, welche um 1 Uhr war, nahmen, war excellent. Wir hatten auf dem Verdeck eine eigene Cajütte. Viele Kraniche, Wildgänse und Enten, welche wir, besonders aber die Ersteren, recht nahe sitzen und fliegen sahen, interessirten mich sehr. So gelangten wir durch die schönen Gegenden des Strudels, von Dürnstein, von Stein, Und, Krems nach Nußdorf, wo wir um 4 Uhr anlangten, und wo uns schon der bekannte Stephansturm entgegen winkte [...].

Die schöne Fahrt war allerdings nicht ungefährlich, und im Oktober 1843 bedauerte die „k.k. privilegierte Donaudampfschifffahrtsgesellschaft" – nicht zum ersten Mal –, einen Unfall melden zu müssen. Er betraf das Dampfschiff „Stadt Wien": „Beim Einfahren in den Strudel fand [...] das Boot zwey Kehlheimer Schiffe aufgefahren. Die hierdurch verursachte Strömung bewirkte, daß das Dampfboot an einem Felsen anschlug. Durch den hierdurch entstandenen Leck füllte sich das Boot schnell mit Wasser; jedoch gelang es dem Capitän, das Schiff bis an die untere Spitze der Wörther Insel zu führen, und es daselbst auf den Sand laufen zu lassen – wo die Passagiere mit ihren Effecten in Sicherheit gebracht wurden [...] Übrigens sind alle Anstalten getroffen, um den Leck zu verstopfen."[114]

Als 1858 – nach der Nord- und Südbahn – auch die Westbahnstrecke in Betrieb ging, empfand man dies für die Reise nach Ischl als große Erleichterung. „Flogen wir", schrieb Franz Joseph anfangs, wenn er mit der Bahn reiste. Und seine Mutter schrieb über die erste Bahnfahrt enthusiastische Worte: „[...] fanden wir die beseligende Nachricht, daß wir [...] auf der noch nicht eröffneten Eisenbahn nach Wien fortkommen konnten und uns ein gräul.[iches] Nachtlager in Mölk und eine ganze Tagreise erspart wurde."[115] Mit dem rapiden Ausbau des Bahnnetzes in ganz Europa wurde dann der Unterschied zu den endlosen Kutschenfahrten als besonders kraß empfunden.

Caprice Italien: Italienische Landschaft, wie Franz Joseph sie liebte.

Franz Joseph traf am 30. August 1845 in Ischl ein und brach schon am 2. September zu einer Bildungsfahrt auf, die bis in den Oktober dauern sollte.

2. September 1845

Reiseten wir, nachdem wir von Papa und Mama Abschied genommen, um 6 Uhr Frühe mit Hofwägen von Ischl weg. Unsere Reisewägen sind nämlich von Wien gerade nach Linz gefahren.

Das Ziel war Südtirol und Lombardo-Venetien, und die kleine Gruppe bestand wie im Vorjahr aus Franz Joseph, Ferdinand Maximilian und Karl Ludwig sowie den Begleitern Bombelles, Coronini und Gorizutti mit zahlreicher Dienerschaft. Man fuhr über Abtenau und Werfen nach Gastein, dann über die Mallnitzer Tauern nach Lienz, weiter durch das Ampezzotal nach Belluno. Dort lernten die drei jungen Erzherzöge den Kommandeur der österreichischen Truppen in Lombardo-Venetien kennen.

Feldmarschall Joseph Graf Radetzky hatte sich schon in den Kriegen gegen Napoleon ausgezeichnet und großen Anteil am Sieg der Verbündeten in der Völker-

schlacht bei Leipzig gehabt. Seine militärischen Fähig-
keiten sicherten die – schon lange von revolutionären
Kräften bedrohte – österreichische Herrschaft in Ober-
italien. Als Kaiser sollte Franz Joseph den greisen Grafen und letzten bedeutenden Feldmarschall Österreichs
1850 zum Generalgouverneur von Lombardo-Venetien
ernennen. Radetzky verstarb hochbetagt im Alter von
92 Jahren. Ein militärisch ebenbürtiger Nachfolger
sollte während der gesamten Regierungszeit Kaiser
Franz Josephs nicht mehr zur Verfügung stehen.

7. September 1845 – Sonntag

*Gab uns der Fm. [Feldmarschall] eine Kirchenparade der
hiesigen Garnison. Er holte uns mit seiner Suite um 9 Uhr
ab und führte uns auf den Platz, wo im Quarree, zwey
Batlls. Kynsky, das 8. Jäger Bataillon eine Schwadron
Reußhusaren und eine Batterie aufgestellt waren. Wir
schritten die Front ab, (ich war natürlich in Uniform)
und begaben uns dann in einen eigens errichteten hölzernen Tempel, wo der Bischof Sava die Messe las, nach welcher zuerst im ordinären Schritt und dann im Manövrir-
schritt (die Cavallerie u. Artillerie im Trabe) defilirt
wurde.*

Die überschwengliche Freude am Tragen der verschiedensten Uniformen zieht sich wie ein roter Faden
durch Franz Josephs Tagebuch. Als Kaiser trug er dann
fast nie mehr Zivil, und die Bilder, die ihn gleichsam
als Privatmann zeigen, sind Raritäten. Als Kaiser Franz
Joseph dann einen Sohn bekam, schien es ihm selbst-
verständlich, den kleinen Rudolf im Alter von drei Jahren zum Obersten eines Dragonerregiments zu ernennen und ihn dementsprechend zu kleiden. Als
Kronprinz Rudolf dafür keine Dankbarkeit zeigte und
später – wie auch Kaiserin Elisabeth – die Uniform-

Italienische Reise: Eigenhändige Zeichnungen Franz Josephs, 1845.

161

Venezianische Straßenhändler: Zeichnung Franz Josephs, 1845.

sucht des Vaters verachtete, war Franz Joseph zutiefst enttäuscht.

Aus Belluno hat „Franzi" an seine Mutter geschrieben: „[...] trotz allen diesen Herrlichkeiten sehne ich mich ungeheur nach Ihnen allen und dem lieben Ischl. Manchmal wollte ich sogar von einem Zauberschlage nach Ischl versetzt sein [...]."[116]

[...] Nach der Parade nahm der Fm. von uns Abschied, weil er gleich abreisete um zu visitiren und uns in Verona wieder zu finden. Nachdem wir uns umgezogen hatten fuhren wir [...] die steinerne Brücke über die Piave, den Dom [...] um einige vom Pabste seinem Geburtsorte geschenkte Bücher im Seminarium anzusehen.

Wir speiseten um 2 Uhr allein und gingen dann mit Gfn. Morzin in der Stadt spazieren, was uns sehr unterhielt, da wir alle Straßen durchliefen und recht viel vom italienischen dolce far niente des Sonntags sahen.

Es ist erstaunlich, daß man in dem Gebiet, das unter österreichischer Militärverwaltung stand und wo es auch 1845 immer wieder zu spontanen Äußerungen der Unzufriedenheit kam, keine Angst vor Attentaten hatte. Der italienische Nationalismus wurde in Wien nicht zur Kenntnis genommen, und Metternich selbst predigte dem jungen Franz Joseph, daß Italien kein staatlicher, sondern bloß ein geographischer Begriff sei. Bei allen Gemeinsamkeiten in Sprache und Kultur sei Italien gesellschaftlich und politisch derart von Zwietracht geprägt, daß es niemals einen nationalen Einheitsstaat geben werde. Österreich dominierte de facto auf der Apenninenhalbinsel, herrschte durch Sekundo- und Tertiogenituren im Großherzogtum Toskana, in den Herzogtümern Parma und Modena, fungierte als Schirm-

Stadtbummel in Venedig:
Piazza di San Marco.
Gemälde von C. Gubacs.

und Ordnungsmacht im Königreich Sardinien-Piemont, im Königreich Neapel-Sardinien, im Königreich Lucca und im Kirchenstaat. Drei Jahre später sollten alle habsburgischen Nebenlinien von der Revolution aus ihren italienischen Fürstentümern vertrieben werden. Einzig Radetzky gelang es, die Erfolge der italienischen Revolutionäre vorübergehend zu stoppen.

9. September

Wir reiseten um 1/2 7 Uhr von Bassano ab und über Primolano nach Welschtyrol [...] durch eine gebirgige aber mit Wein, Kastanien und Maulbeerbäumen sehr schön bepflanzte Gegend nach Trient, wo wir um 4 Uhr ankamen und mit dem Kreishauptmann [...] speiseten. Auf der letzten Station stürtzte beym ersten Wagen ein Mittelpferd, beym zweiten das Stangenhandpferd, und beym dritten der Stangenpostillon, dem nichts geschah, aber sein Pferd war so geschunden, daß es ausgespannt werden mußte.

Am 12. September 1845 stand für den 15jährigen Franz Joseph, den 13jährigen Ferdinand Maximilian und den 12jährigen Karl Ludwig eine wahrhaft erschöpfende

Besichtigung Veronas bevor. Sie ließ nichts aus, dauerte bis in die Nacht und strapazierte die Geduld der jugendlichen Besucher aufs äußerste.

Um 9 Uhr wurden wir vom Delegato und vom Podesta abgeholt, mit denen wir die schönsten Kirchen, die herrlichen Monumente der Scaligeri, einige schöne Häuser, die Kliptotek [Pinakothek], die Sammlung der römischen Antiquitäten, die prächtige Kastelbrücke, die Bibliothek des Kapitels ansahen, und mit denen wir um 2 Uhr speiseten und dann zwey Jesuiten Anstalten, eine Mädchen Erziehungsanstalt, den Großartigen Gottesacker, und, da es finster geworden war, die Arena bey Mondschein besahen. Letztere, ein Werk römischer Größe, nahm sich herrlich im fahlen Mondlichte aus.

Franz Joseph schrieb noch am selben Tag an seine Mutter: „Morgen sind wir dem FM Radetzky übergeben, der uns alles Militärische zeigen wird, und übermorgen bleiben wir auch noch hier, um einen Luftballon in der herrlichen Arena steigen zu sehen. Das schöne Wetter begünstigt uns [...].“[117] Feldmarschall Radetzky bot dann eine vollendete militärische Schau. Das Wetter schlug allerdings um, und die Ballonfahrt fand nicht statt.

13. September.

Holte uns der FM. mit seiner Suite um 9 Uhr ab, nachdem wir vor 7 Uhr bey den Modenesern[118] *gefrühstückt hatten, und führte uns zuerst in ein Artillerie Depot, dann auf das Glacis, wo zwey Batterien im Feuer exerzirten und bey einem Platzregen defilirten und dann an die Etsch, wo die Pioniere in 20 Minuten eine Brücke schlugen. Von da fuhren wir auf mehrere Forts und auf einen Thurm und endeten mit einem Diner von 35 Personen, welches uns der FM in einem Zelte auf dem letzten Fort gab. Um 8 Uhr begaben wir uns, außer Karl, der sich wegen Kopfweh ins Bett gelegt hatte, ins Theater, wo eine langweilige Komödie gegeben wurde.*

Von Verona ging es dann weiter über Vicenza – *Institut für arme Mädchen, Theater, zwei Kirchen* –, Padua – *St. Antonio Kirche, Sternwarte, durchliefen den Botanischen Garten, Universität, zwei Mädchen Institute,* – nach Stra und nach Fusina, *wo uns Fritz mit Marinebooten erwartete.*

„Fritz" – Erzherzog Friedrich, der Sohn Erzherzogs Karl, hatte die Marinelaufbahn eingeschlagen und wurde in der Familie nur „der Seemann" genannt. Im englisch-türkischen Krieg hatte er sich bei der Erstürmung der Feste St. Jean d'Acre in Syrien ausgezeichnet. Zwei Jahre nach dem Besuch Franz Josephs in Venedig ist er erst 26jährig an Gelbsucht verstorben. Durch „Fritz", der in Venedig als „Cicerone" fungierte und erst kurz zuvor zum Vizeadmiral ernannt worden war, stand das Besuchsprogramm überwiegend im Zeichen der Marine.[119]

18. September 1845.

Nun fuhren wir beim schönsten Abend durch den Canal grande auf die Riva degli Schiavoni, wo wir bey Danieli [Grandhotel Danieli] *abstiegen [...]. Wir sahen noch mit dem hiesigen Podesta [...] und Fritz den Markusplatz bey Gasbeleuchtung an und fuhren dann bey Mondschein in Gondeln im Canal grande auf und ab.*

Die Gasbeleuchtung war damals gerade in Venedig eingeführt worden. Bei der romantischen Fahrt auf dem Canale Grande unterhielt man die Jungen mit vater-

ländischen Geschichten: Wie Napoleon die vier antiken Bronzepferde des Markus-
domes geraubt und auf dem Arc de Triomphe in Paris aufgestellt hatte, von wo sie
erst auf Veranlassung ihres Großvaters und Metternichs an ihren Platz zurückge-
bracht wurden. Sechs Tage lang erkundeten die Reisenden Venedig und die Inseln,
machten Besuche, gingen mehrmals ins Theater und widmeten sich einem intensiven Sightseeing.

22. September

*Um halb 5 Uhr fuhren wir mit Fritz auf den Lido, wo ein Volksfest, wie alle Montage
im September war. Wir sahen auch von da das Meer zum ersten Male.*

Besonders interessierte die in Bau befindliche Konstruktion der Eisenbahnbrücke –
*welche von Venedig bis an die Terra ferma führt, und an welcher nur mehr einige Bogen
fehlen.*

Obwohl alles sehr gedrängt war, schrieben die drei Erzherzöge regelmäßig ihre
Eindrücke nieder. Franz Joseph fand sogar die Zeit, um für das Tagebuch Ferdinand
Maximilians 13 Vignetten zu entwerfen. Außerdem hat er von der italienischen Reise viele eigenhändige Zeichnungen mitgebracht, die als Vorlage für Lithographien
dienten. Man veröffentlichte sie später unter dem – irreführenden – Titel: „Album,
enthaltend 6 Blatt Reiseerinnerungen aus Dalmatien, 1845 gezeichnet und litho-
graphiert von seiner Majestät Kaiser Franz Joseph".

Die Begeisterung Franz Josephs für die „Serenissima" war groß, sein Herz hing
jedoch am Salzkammergut, und am 25. September schrieb er wehmütig an seine
Mutter: „Liebe Mama! Der Brief, den Sie die Güte hatten, Max zu schreiben, freute
uns sehr. Wie herrlich muß die Partie auf den Schafberg gewesen sein!"

25. September

Um 3/4 auf 5 Uhr fuhren wir mit Fritz zum Grafen Sichy [Zichy], *wohin auch die
Königin* [von Griechenland][120] älteste Tochter des Großherzogs August von Olden-
burg, Gattin König Ottos von Griechenland) *und andere Leute kamen und von wo
wir auf dem Campo di Santo Stefano denselben Mann der in Verona steigen sollte* [näm-
lich in einem Ballon] *sehr glücklich, aber bey wenig Zuschauern steigen sahen.*

Am 26. September reiste man aus Venedig ab.

Der Reiseschriftsteller:
Titelblatt zu Franz Josephs
„Reiseerinnerungen" 1845.

Wir wurden um 3/4 auf sechs von Marinebooten abgeholt und auf das Kriegsboot Marianna gebracht, um 6 Uhr wurden die Anker gelichtet und wir sagten Venedig lebewohl [...]. Wir gelangten glücklich und bey anfangs bewegter See nach Pola. Wir waren alle, bis auf den Bedienten vom Grafen Morzin, der die Seekrankheit hatte, [...] gesund. Das schöne Venedig verschwand immer mehr im Wasser und bald darauf tauchten die Istrianer Gebirge aus demselben hervor. Nach Pola, wo wir um 1/2 5 Uhr ankamen, waren der Gouverneur von Triest Graf Stadion, der dortige Divisionär FML Piret und der Bri-

gadier Gnr Wimpfen auf dem schönsten Lloydischen Dampfschiffe Imperator entgegenge-
kommen [...] Wir sahen allsogleich [...][121]

Das folgende Reiseziel war Triest.

27. September

Als wir um 6 Uhr aufstanden, war das Schiff seit einer Stunde abgefahren, es regnete
und ein heftiger Schirocco machte das Schiff ziemlich tanzen. Wir gingen allsogleich,
trotz des später immer zunehmenden Regens, auf das Vordeck, wo ich fast während der
ganzen Fahrt in meinen Mantel gehüllt mich aufhielt. Es wurde ein Zelt gegen den Regen
gespannt welches aber später, um den Steuermann nicht zu hindern, eingezogen werden
mußte [...]. Wir waren während der ganzen gestrigen und heutigen Fahrt in Campagne
Uniform. Als wir uns Triest näherten, verwandelte sich der Wind in Bora. Das Dampf-
schiff Imperator hatte uns anfangs mit dem Gouverneur und den beyden Generälen an
Bord gefolgt, fuhr uns dann vor, kam aber nur eine halbe Stunde früher als wir nach
Triest [...]. Wir gingen um 1/2 8 Uhr mit dem Gouverneur in das große Theater wo die
langweilige Oper Medea gegeben wurde.

29. September 1845

Um 7 Uhr gingen wir in dieselbe Kirche wie gestern in die Messe. Um 8 Uhr kam der
Gouverneur, mit welchem wir in einer Hafenbarque in das neue Lazarett fuhren, zum
Leuchtturm den wir bestiegen, in das alte Lazarett, und zum Baue des neuen Molo. Dort
erwarteten uns Wägen mittels welchen wir in das Arsenal des Loids führen.[122] *Um*
12 Uhr aßen wir allein und verließen um 1 Uhr Triest [...] In Adelsburg, wo wir nach
6 Uhr ankamen [...] fuhren wir in Ladeswägen [...] zur Grotte, die wir in einer viertel
Stunde erreichten. Wir drangen in diese großartige an Naturmerkwürdigkeiten reiche
Grotte bis zur sogenannten Johanniskapelle vor. Die Höhle war eigens beleuchtet. Vor
9 Uhr waren wir wieder in Adelsberg zurück [...]

2. Oktober

[...]erreichten Gratz um 1 Uhr [...] Gleich nach dem wir abgestiegen waren, kamen
die Tante Maria Louise, welche auf der Rückreise nach Parma hier ist und der Onkel

Johann zu uns. Wir speiseten um zwey Uhr mit der Tante Louise beym Onkel Johann,
sahen nach Tische mit ihm sein neues, noch nicht bezogenes Haus an[123] und gingen mit
ihm und seinem Sohn auf den Rosenberg, wohin die Tante Louise mit der Baronin
Brandhof gefahren war. Um halb 7 Uhr gingen wir in die Oper Czar und Zimmer-
mann, wohin auch die Tante Louise und der Onkel Johann kamen.

Franz Joseph hat seine Tante damals zum letzten Mal gesehen, denn sie starb bereits
1847 im Alter von 56 Jahren.

Tante „Maria Louise", die Witwe Napoleons und Gattin von Graf Charles-René
Bombelles,[124] war die einzige in der habsburgischen Familie, die ohne Standesdün-
kel und freundschaftlich mit der Baronin Brandhof verkehrte. Marie Louise hatte
für die unstandesgemäße Verbindung ihres Bruders größtes Verständnis. Hatte sie
doch selbst nach ihrer Trennung von Napoleon alle Konventionen über Bord gewor-
fen und im Kreis zahlreicher Liebhaber in dem kleinen italienischen Herzogtum
Parma ein wildes Leben geführt. Noch zu Lebzeiten Napoleons bekam sie von
ihrem ersten Obersthofmeister Graf Neipperg zwei uneheliche Kinder. Sie heiratete
dann Neipperg und hatte nach seinem Tod wieder zahlreiche Amouren, um
schließlich ihren neuen Obersthofmeister Graf Bombelles – einen Verwandten von
Franz Josephs „Primo Ajo" – zu heiraten. „Tante Louise von Parma" kam jährlich

Eine Frau mit Vergangenheit:
„Tante Louise" –
Erzherzogin Marie Louise,
die Witwe Napoleons I.

nach Wien und Ischl. Zu Lebzeiten ihres Vaters suchte sie ihren Lebenswandel geheimzuhalten. Nach dem Tod von Kaiser Franz I. wurde „Tante Louise" dann akzeptiert, wie sie war.

5. Oktober – Sonntag.

Um 5 Uhr las uns der Prälat die Messe und um 6 Uhr verließen wir Lilienfeld und fuhren über Altenmarkt, von wo die beyden ersten Wägen Hofpferde bis Schönbrunn bekamen, durch die Brühl nach Mödling [...]. Um 12 Uhr waren wir in Schönbrunn, wo wir die Mama, den kleinen Ludwig, die Großmama, Kaiser und Kaiserinn, und den Onkel Ludwig fanden.

Ein Zeichen für den enormen Bildungsdruck, der auf Franz Joseph lastete, ist die Eintragung am darauffolgenden Tag, der große Erleichterung anzumerken ist.

6. October

Wir hatten noch keine Lectionen, und aßen um 5 Uhr.

7. October

Fingen die Lectionen an.

Als große Überraschung hatten die Freunde der Erzherzoge – Bombelles und Falkenhayn – während des Sommers im „Boulingrin" ein kleines Schweizerhäuschen errichtet, das großen Anklang fand.

12. October – Sonntag.

Um halb 6 Uhr kamen die Metternich, die Falkenhayn, die Bombelles, Franzi Coronini und Maxi Gorizutti zu uns. Wir wollten ein kleines Feuerwerk in der Schweiz geben, welches aber wegen schlechtem Wetter nicht statt finden konnte, wir spielten also nur und gutierten dann.

26. October 1845 – Sonntag.

Onkel Ludwig speisete um 2 Uhr bey uns und dann fuhren wir mit ihm in den Prater, wo auf der Feuerwerkswiese ein Ballon stieg. Ein gewißer Lehmann flog recht gut in einem kleinwinzigen Korbe in die Höhe und verschwand bald in den Wolken.

Das aufregende Ereignis – eine Benefizveranstaltung – war in allen Zeitungen angekündigt worden: „Nachmittags Schlag 4 Uhr, findet im k.k.Prater am Feuerwerksplatze, die 2te Luftfahrt des Luftschiffers Th.Lehmann statt [...]."[125]

Das für „Franzi" im Herbst 1845 vorgesehene Unterrichtsprogramm ließ sich kaum mehr überbieten.

31. October 1845

Die Lectionen sind von halb 7 bis 1/4 auf 9. Von 9 bis 12. Von 12 bis 2 Reiten oder Spazieren gehen, von 2 bis 4 Lectionen und von halb 6 bis 8 wieder Lectionen.

24. November

[...] ich nehme jetzt die Terrainlehre mit dem Obersten Hauslab [...] [durch].

7. December 1845

Der Geburtstag des Papa. Um halb 1 Uhr kamen die Officiere meiner Division zu mir [...].

8. December – Maria Empfängniß.

Um 7 Uhr begaben wir uns, schon im ersten Costume über das Gebirge in die Kammer der Mama, wo sich [...] die Mitwirkenden versammelten, und richteten. Nach halb 8 Uhr begannen die Tableaux, welche in zwey Abtheilungen aufgeführet wurden.

1. Abtheilung. 1. Der kleine Leipziger Postillon. Der kleine Ludwig als Postillon in einem kleinen filzernen Wagen mit filzernen Pferden und die beyden größeren Brüder als Wanderer, welche auf der Straße brod eßen.

Gruppenbild mit Dame: Erzherzogin Sophie wohnt einer Unterrichtsstunde bei. Foto nach Original von F. Laufberger.

Maskerade:
Erzherzog Ludwig Viktor
als Harlekin inmitten einer
Gruppe von Aristokratinnen.

2.

Der Gondolier von Baumann. Gräfin Amade als Dame [126], *Br. Karl Reischach als Ritter*[127] *und Grf. Sechenyi als Gondolier.*[128]

3.

Ostade, [ein] Mahler, der drey Bauern, die trinken und spielen mit Kohle auf die Wand einer Kneipe zeichnet. Die Grfn. Coronini, Wurmbrandt und Denes Sechenyi als holländische Bauern und ich als Ostade, ganz schwarz angezogen.

4. Eine Alpenscene: Das letzte Fensterln. Gesungen und gespielt von Mlle. Wildauer[129] *und Hrn. Baumann.*

In der Pause nahmen die Mitwirkenden Tee in der Garderobe.

II Abtheilung.

1. Der Schiffsjunge Tableau nach einer Lythographie, die ich gemacht habe, vorgestellt von Denes Sechenyi, Franz Falkenhayn und Charli Bombelles.

2. Der Abschied von den Bergen, nach einem Liede [...].

3. Das Eugeniuslied.[130] *Wir drey als Husaren von Eugens Zeiten mit gepuderter Perücke und Zöpfen [...].*

4. Das Pathenbitten gesungen von Baumann und Randhartinger [131] *als Bauern.*

5. Das Interieur einer Alpenhütte mit Chorgesang, gesungen von Wildauer, Baumann [...].

Am 11. Dezember 1845 wurden die Darbietungen wiederholt.

30. December

Wir speisten mit Papa, Mama und Großmama um halb 4 Uhr in Uniform, und nach dem Essen versammelte sich die ganze Familie in Uniform beym Kaiser um den Kaiser von Rußland zu erwarten, der von Palermo nach Petersburg reiset.[132] *Wir warteten bis halb 9 Uhr. Der Kaiser kam auf der Eisenbahn an [...] und ließ sagen er sey unwohl und könne nicht mehr an Hof kommen.*

31.

Nach halb 9 Uhr kam der Kaiser von Rußland in Husaren Uniform zur Mama. Papa kam auch dazu, und so entspann sich zwischen ihnen eine Conversation über die hiesigen Verhältnisse, die mich sehr intereßirte. Der Kaiser war äußerst herzlich [...].

Um 3/4 auf 11 ritt ich auf die Glacis, wo die ganze Garnison und die benachbarten Truppen parquet aufgestellt waren um mich an den linken Flügel meiner Division zu stellen, welche am rechten Flügel des zweyten Treffens stand. Das erste Treffen bildete das

„Der Zar war äußerst herzlich":
Manöver zu Ehren von Zar Nikolaus I. 1845/46.

Pionierbataillon, das Jägerbataillon ein Bataillon Heß Infanterie zwey Bataillons Wasa [...]. Der russische Kaiser war in seiner Regimentsuniform, empfing unseren Kaiser bey seinem Regimente und führte dann dasselbe vor. Die Infanterie defilirte mit halben Divisionen, die Artillerie mit ganzen Batterien und die Cavallerie mit halben Escadronen. Ich führte meine Division vor [...]. Um 1/2 4 Uhr war militärisches Diner in Uniform im Kammerballsaal bey welchem alle Generäle der Garnison und außerdem noch einige Generäle eingeladen waren [...]. Um 7 Uhr war Theater Pare in der Burg. Der Kaiser wurde ziemlich applaudiert. Man blieb in zwey Akten von „Garrick in Bristol". Darauf war Thee bey der Kaiserin zu welchem einige Leute aus der Stadt eingeladen worden waren.

Als Zeichen der Höflichkeit trug der Zar eine österreichische Husarenuniform, während die Gastgeber in russischer Oberstuniform erschienen.

Im Hintergrund gab es Heiratsver-
handlungen, deren negativer Verlauf
Franz Joseph nicht verborgen blieb.
Auf Empfehlung seines Sohnes Alexander plante Zar Nikolaus I. nämlich, seine Tochter Olga mit Erzherzog Stefan, dem Sohn des Palatins
von Ungarn (Erzherzog Joseph), zu
verheiraten. Im Hinblick auf die von
Nikolaus I. betriebene, unverhüllte
imperialistische Außenpolitik lehnte Metternich diese Verbindung
jedoch entschieden ab. Rußland
befand sich damals auf Expansions-
kurs, hatte 1831 Polen unterworfen
und schien Ambitionen in Ungarn
zu haben. Eine Stärkung der Position des ungarischen Palatins, die der
eines Statthalters entsprach, lag
nicht im österreichischen Interesse.
Viele der frommen – überwiegend
weiblichen – Mitglieder des Hauses
Habsburg wußte Metternich mit
religiösen Argumenten zu überzeu-

gen, da Prinzessin Olga dem russisch-orthodoxen Glauben angehörte. Erzherzogin
Sophie jedoch befürwortete die Heirat. Als Nikolaus I. dann aus Rom kam und eine
Dispens des Papstes mitbrachte, entstand eine peinliche diplomatische Situation.

*„Leichte Kavallerie":
Nikolaus I., Kaiser von
Rußland als österreichischer
Dragoneroberst.*

1. Jänner 1846

*Gestern nach der Parade hat mir Graf Orlow[133] den russischen Andreas Orden vom Kai-
ser überbracht. Ich ging allsogleich zu unserem Kaiser um die Erlaubniß den Orden zu
tragen zu erbitten und da ich sie erhielt fuhr ich zum russischen Kaiser, den ich aber
nicht fand. Heute war um halb 4 Uhr Familiendiner mit dem Kaiser von Rußland in
Uniform. Überhaupt kam ich diese Tage über fast garnicht aus der Uniform heraus, was
mich sehr unterhält.*

Dr. honoris causa:
Fanny Elßler als „Florinde".
Stahlstich nach einem
Gemälde von E. D. Smith.

Erzherzog Karl Ludwig hat die Aufregung um den russischen Zaren wenig berührt. Er schrieb: „[...] kam der Kaiser von Rußland [...] er ist ein schöner und großer Mann [...] wir zwey, Maxi und ich, waren in Schuh und Strümpf. Alles wegen dem Kaiser von Rußland.[134]

Das Protokoll maskierte nur unzureichend die gereizte Stimmung, die aufkam, als der Zar die Heiratspläne für seine Tochter scheitern sah. Metternich war nicht umzustimmen und konnte seinen Standpunkt – nach gewohnter Art – mühelos durchsetzen.

2. Jannuar 1846

Um 1/4 auf 8 Uhr fuhren wir Erzherzoge ohne Suiten, nachdem wir uns beym Papa versammelt hatten, in Uniform auf den Bahnhof im Prater, wo wir auf den russischen Kaiser warteten der auf der Eisenbahn über Krakau und Warschau nach Petersburg reiset [...]. Derselbe umarmte uns noch alle mit sehr viel Herzlichkeit stieg dann in den Wagon und fuhr davon. Es that mir wirklich leid, ihn so wegreisen zu sehen, denn er gefiel mir sehr gut und war so freundlich mit mir, daß er mich ganz gewonnen hat. Aus dem Wagon an dem wir standen bis er abfuhr warf er mir zum Abschied noch einen Blick voll Wehmuth zu, den ich nie mehr vergeßen werde. Das Gespräch, das er mit Papa und Mama bey seiner ersten Visite führte, überzeugte mich, kann ich [...] sagen, daß er es gut mit uns meint, er sagte auch später einmal: ‚Je restree [resterai] toujours Autrichien.‘ [Ich werde immer Österreicher bleiben.] Er ist voll militärischen Anstands und bey der Parade ritt er meistens eine halbe Pferdelänge hinter unserem Kaiser.

Zar Nikolaus hat Metternich diese Episode offiziell nicht übelgenommen. Inoffiziell sagte er jedoch: „Jedesmal wenn ich mich ihm nähere, bitte ich Gott mich vor dem Teufel zu bewahren!" Am 6. Januar 1846 verlobte Zar Nikolaus seine Tochter dann mit dem Kronprinzen von Württemberg.

Franz Joseph gewann den Eindruck, einen persönlichen Freund gefunden zu haben. 1849, als seine Armee bei der Niederschlagung des Aufstandes in Ungarn versagte, hat der junge Kaiser dann um russische Hilfe gebeten. Er berief sich dabei allerdings nicht nur auf die Freundschaft. Vielmehr nahm er das zwischen Österreich, Preußen und Rußland bestehende Interventionsrecht bei Revolutionen im eigenen Land in Anspruch. Es stammte aus dem Jahre 1833 und ging auf Metternich zurück, der damit – aus Wien vertrieben – noch im Londoner Exil die Fäden der großen Politik zog.

Im Frühjahr 1846 kam Fanny Elßler nach Auftritten in England und Rußland abermals in ihre Heimatstadt zurück. Der junge, nunmehr fast 16jährige Erzherzog sah sie am Sonntag, dem 7. Juni, in „Das schöne Fräulein von Gent", später auch in „Das Bauernmädchen als Dame" und vor allem in „Esmeralda".

Ich fuhr mit Papa und Mama um 1 Viertel auf 1 Uhr in die Stadt zu einer Vorstellung der Demoiselle Fanni Elssler, speisete dann bey den Ältern in der Stadt und kam erst zur Promenade heraus [nach Schönbrunn].

Die Tänzerin befand sich damals auf dem Höhepunkt ihrer Karriere. In Wien bewunderte man sie sehr, in Oxford – wo schon Joseph Haydn, der Dienstgeber ihres Vaters, mit einem Doktorat geehrt worden war – ernannte man sie zum Ehrendoktor der Tanzkunst und Pantomime. Diese in den Annalen der altehrwürdigen Universität ungewöhnliche Auszeichnung machte sie zur ersten Akademikerin Österreichs. 1851 hat Fanny Elßler dann von der Bühne Abschied genommen. Für einen kleinen Kreis von Verehrern aber tanzte sie ihre „Cachucha" bis ins hohe Alter.

Im Laufe des Jahres 1846 werden die Tagebucheintragungen dann kürzer, flüchtiger und oft lückenhaft – Franz Joseph hatte fast keine freie Minute mehr. Zu all den Gegenständen, die er bisher bewältigen mußte, kamen im 16. Lebensjahr noch viele Stunden Rechtslehre. Mit „beständigem Rückblick auf Moral" brachte man ihm die Grundzüge der Rechtswissenschaften bei. Zu den bereits gelehrten vier Sprachen gesellte sich noch Polnisch. Diplomatische Lektüre, Astronomie und Technologie fehlten nicht. Nur eine ausgefeilte Stundeneinteilung von sechs Uhr früh bis neun Uhr abends ermöglichte die Durchführung dieses Programms.

Außer dem Tagebuch führte „Franzi" auf besonderen Wunsch der Mutter ein sogenanntes „Wirtschaftsbuch", in dem er Einnahmen und Ausgaben genau verzeichnete. Demnach verfügte der junge Erzherzog zwei Jahre vor der Thronbesteigung über ein monatliches Taschengeld von 160 Gulden. Ein Preisvergleich aus dem Jahre 1846 zeigt, daß man – laut „Wiener Zeitung" – für zwölf Gulden Schillers gesammelte Werke erwerben konnte. Eine Karte zu einem Fest im Volksgarten, bei dem Johann Strauß spielte, kostete 20 Kreuzer. Ein Mittagessen gab es für ca. Kreuzer.

Franz Joseph, der schon damals ein Muster an Bescheidenheit war, mußte mit seinem Taschengeld neben seinen persönlichen Bedürfnissen auch alle Ausgaben für seine Zivil- und Militärgarderobe sowie seine Leibwäsche und Schuhe bestreiten. Sparsamkeit war angebracht, und so leistete sich Franz Joseph ein Paar Hosenträger um 36 Kreuzer und einen Jagdhut um 5 Gulden 30 Kreuzer. 10 Gulden 40 Kreuzer kostete der Ankauf von 16 Paar Handschuhen, die damals als unentbehrliches Requisit jede Garderobe ergänzten. Franz Josephs großer Verbrauch erklärt sich durch die häufigen militärischen Übungen zu Pferd. Tatsächlich ist das Stück Mandelseife für 10 Kreuzer der einzige Luxus, den sich der 16jährige Franz Joseph gönnte, so daß er das Haushaltsbuch mit einem Überschuß abschließen konnte. Die jungen Erzherzöge in Geldangelegenheiten kurz zu halten war eine habsburgische Gepflogenheit. So hatte auch Kaiser Franz seinem „Lieben Herrn Sohn Erzherzog Karl" – Franz Josephs Vater – bis zu seiner Verheiratung nebst „Wohnung, Küche, Keller und Stallungen am väterlichen Hof" nur 4.800 Gulden jährlich aus seiner Privatkasse gewährt.[135]

Der Fasching des Jahres 1846 bot für Franz Joseph eine willkommene Unterbrechung des Alltags. Wie jedes Jahr veranstaltete die Großmutter einen Ball für die adelige Jugend.

16. Februar

Gab die Großmama einen Adolescentenball in der Reichskanzley, bey welchem ich zum ersten Male einen Frack anhatte. Ich hatte vor dem Balle zwey bekommen.

21.

Waren wir auf einem Ball beym Frsten. Metternich. Es tanzten große und Adolescenten. Ich blieb bis 1/2 5 Uhr.

Über die aktuelle Lage wurde Franz Joseph selten und dann nur aus dem Blickwinkel des herrschenden Systems informiert, so daß sich in seinem Tagebuch nur wenige Eintragungen zur Tagespolitik finden. Die Niederschlagung der Adelserhebung im Februar 1846 in Galizien wurde jedoch dem jungen Erzherzog als ein echtes Beispiel vaterländischer Gesinnung nicht vorenthalten. Galt sie doch in einer Zeit, in der es in allen Teilen der Monarchie gärte, als Bestätigung des herrschenden politischen Systems. Franz Joseph schilderte die Vorgänge.

Sonntag den 8. März

Ich habe diese Zeit lang nichts geschrieben und so markire ich mir nur, was in dieser intereßanten Zeit in Galizien geschehen ist. Die kleinen Edelleute (Schlachticen) und die Herrschaftsbeamten (Madataren), wollten die Bauern zwingen an ihrem Aufstande Theil zu nehmen und gebrauchen gegen sie auch Gewalt; darauf fingen die Bauern in den westlichen Kreisen an, die Edelleute und überhaupt die bewaffneten Insurgenten zu erschlagen und gefangen an die Behörde zu überliefern. Nach Krakau wurde General Colin mit einem schwachen Bataillon von Nugent[136] etwas Cavallerie und einer halben Batterie geschickt, am zweyten Tage aber, mußte er, nach hartnäckigem Gefechte, der Übermacht weichen und sich nach Galizien zurückziehen. Die Insurgenten besetzten, zum Theile von Geistlichen geführt, Podgorze und Wilicka, wo sie die Casse nahmen. Allsogleich wurden aus Mähren, die Regimenter Schmehling, Prinz Emil, Hohenzollern Cheveaux legers und eine Batterie geschickt. General Colin griff nun mit etwas von Schmehling, Nugant und Landwehrbaraillon Hohenegg Podgorze an und erstürmte es wobey er viele Gefangene machte. Zugleicher Zeit rückte Oberst Benedek [...] und einem Haufen mit Sensen u.d.g armirter Bauern in Wilicka ein, so daß die Insurgenten so ziemlich aus Galizien vertrieben sind.[137]

Es wurde allsogleich ein Armee Corps nach Galizien bestimmt [...]. Das Regiment Deutschmeister marschierte von hier hin und statt deßen kam Heß hierher.

Dies bedeutete das Ende der polnisch-nationalen Bestrebungen, die ihr Zentrum in der kleinen Stadtrepublik Krakau hatten. Die Erhebung wurde rasch und brutal niedergeschlagen, wobei der Adel vor allem durch seine eigenen Untergebenen blutige Verluste erlitt. Die leibeigenen Bauern arbeiteten dabei willig mit den Kreisbehörden zusammen, da sie die Wiederkehr der Unterdrückung durch eine Adelsclique fürchteten. Österreich hat dann im Einvernehmen mit Preußen und Rußland den

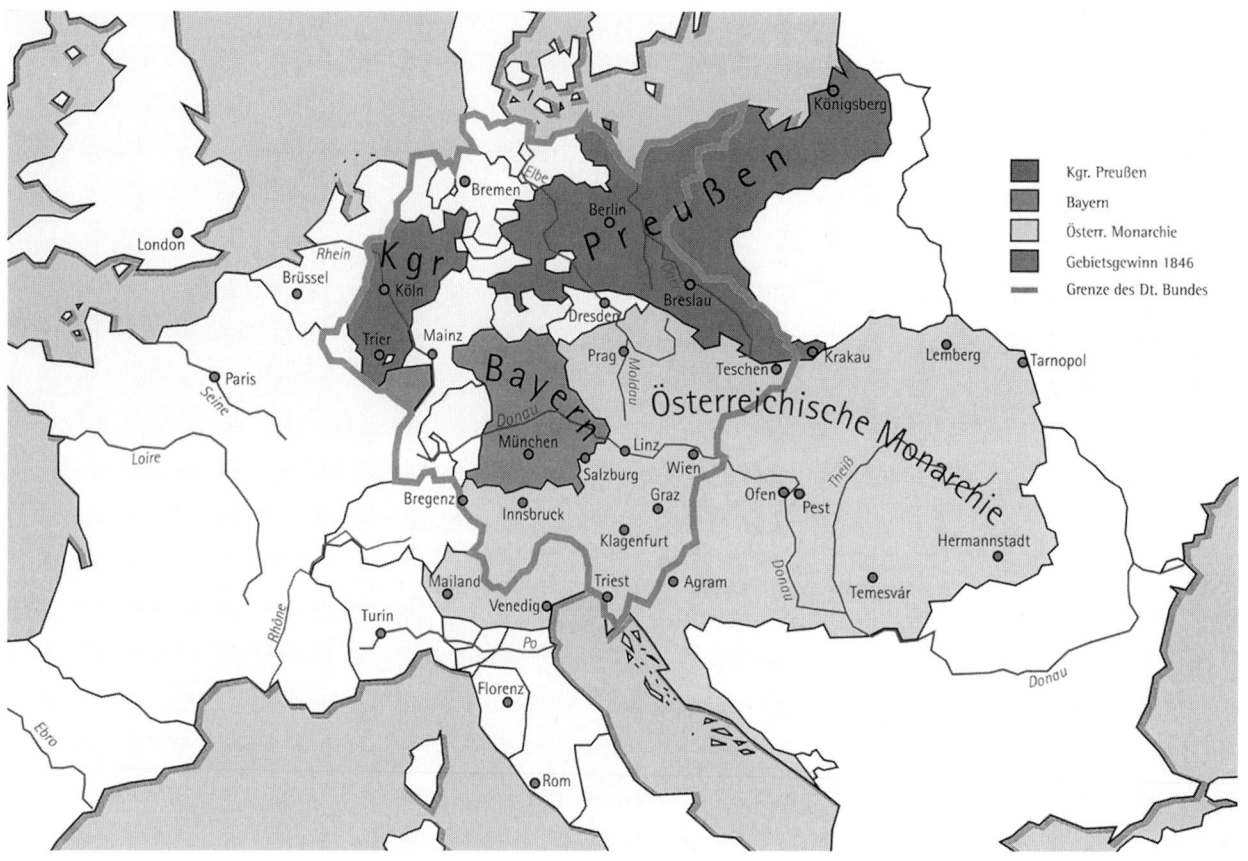

Die Karte des Kaisertums Österreich.

Freistaat Krakau annektiert.[138] Erzherzog Max kommentierte die Ereignisse lapidar: „Überhaupt geht es in Polen unruhig zu.“[139]

Sonntag den 8. März – (Fortsetzung)

Die Krakauer fingen nun an mit Colin zu capituliren und während dem rückten die Rußen in Krakau ein. Bald folgten unsere Truppen. Von allen Seiten sind Truppen zum Corps im Anmarsch.

In den Salon der Erzherzogin Sophie wurden zwar keine liberal denkenden Geister, dafür aber alle Schauspieler und Sänger von Rang und Namen geladen. Im März 1846 bot die kulturbeflissene Mama ihren Söhnen gleich zwei international bekannte Stars.

9. März 1846 [...] bey der Mama, wo der Däne Anderson Märchen vorlas.

Hans Christian Andersen, der berühmte dänische Märchenerzähler, war nach seinem Wienbesuch im Jahre 1834 auch 1846 auf einer Vortragsreise in der Kaiserstadt
an der Donau. Die besondere Verehrung der Erzherzogin Sophie galt jedoch dem
begnadeten und exzentrischen Klaviervirtuosen Franz Liszt, von dem sie hingerissen
war, seit sie 1838 seinem ersten Wiener Konzert beiwohnte. „Sein berückendes Spiel
hat mich in Begeisterung versetzt", schrieb sie damals an ihre Mutter. „Er vereinigt
alles, so viel Ausdruck, Kraft, guten Geschmack mit einer unbeschreiblichen Zart-
heit. Aber gleich nach Pianissimotönen donnert er plötzlich auf dem Klavier, als ob
sich die Hölle auftäte. Dabei verletzt er doch nicht unser Ohr, um so mehr aber die
Klaviere, deren er an einem Abend zwei bis drei förmlich zertrümmert."[140]

Franz Liszt zog seine Zuhörer, vor allem jedoch seine Zuhörerinnen, in seinen
Bann. Ein romantisches Flair umgab auch das Privatleben des Künstlers, der zuerst
in der Gräfin Marie d'Agoult und später in der Fürstin Caroline von Sayn-Wittgen-

*Berückendes Spiel:
Matinée bei Franz Liszt,
1846. Lithographie von
J. Kriehuber.*

stein Musen und Lebensgefährtinnen fand. Um die Gunst des Virtuosen buhlten die ersten Adelshäuser Europas. Auch Erzherzogin Sophie tat alles, um ihn zu erfreuen. Sie lud ihn zum Essen im Kreis der Familie, und als er im März 1846 in ihrem Salon spielte, schenkte sie ihm eine kostbare Smaragdnadel. Der unmusikalische Franz Joseph wohnte zwar einem Liszt-Konzert bei, fand aber für das Ereignis, das viele in Ekstase versetzte, nur trockene Worte.

26. März

War um 8 Uhr ein sehr schönes Concert bey der Mama in welchem Liszt, Schönstein, Marianne Rettich[141] die und einige Herren des Männergesangsvereins mitwirkten.

19. April 1846

Der Namenstag [richtig: der Geburtstag] *des Kaisers. Es sollte eine Kirchenparade der ganzen Garnison und der herum liegenden Truppen seyn [...] doch das schlechte Wetter verhinderte es. Wir speiseten beym Kaiser [...].*

Tatsächlich genoß Ferdinand I. in der Bevölkerung große Beliebtheit, und man bedauerte den kaum in der Öffentlichkeit auftretenden Kaiser als hilfloses Opfer Metternichs und der Staatskonferenz.

Donnerstag den 21. May 1846.

Jenny Lind die berühmte schwedische Sängerin gab auf der Wieden Gastrollen und sang einmal bey der Mama [...].

Die „schwedische Nachtigall" galt als die größte Sängerin ihrer Zeit. Sie verfügte über eine außergewöhnlich schöne Koloraturstimme, mit der sie das Publikum zu Begeisterungsstürmen hinriß. Hunderte Verehrer ließen sich nicht davon abhalten, ihr Idol jeden Abend im Anschluß an die Vorstellung nach Hause zu begleiten.

Erzherzogin Sophie lud sie zum Tee und schenkte der Künstlerin ein wertvolles Armband. Dann fand in den Räumen der erzherzoglichen Familie ein Konzert statt, bei dem Jenny Lind „wie ein Engel im Himmel" schwedische Lieder sang. Der ganze Hof war versammelt. Franz Joseph und seine Brüder fehlten nicht. Baronin Sophie von Scharnhorst, die Hofdame der Prinzessin Amalie von Schweden, schrieb über die Sängerin: „Unsere Karnevalsfreuden bestehen in dem Glück, Jenny Lind singen

Die schwedische Nachtigall: Jenny Lind. „Nur sie singt, alle anderen schreien.“

zu hören! Sie bezaubert die Herzen mit ihrem wahrhaft himmlischen Gesang, dem keiner zu vergleichen ist. Wenn man sie hört, gewinnt man die Überzeugung, daß nur sie allein singt, alle anderen, inclusive der Italienerinnen, schreien."[142]

Die Errichtung eines monumentalen Denkmals für den verstorbenen Kaiser Franz I. war bereits kurze Zeit nach seinem Tod eine beschlossene Sache. Die bekanntesten Wiener Architekten reichten Vorschläge ein und suchten für ihre Ideen wohlwollende Förderer am Kaiserhof. Als jedoch der Mailänder Pompeo Marchesi, der an gar keiner Ausschreibung teilgenommen hatte, den Auftrag bekam, wuchs sich die Angelegenheit schnell zum größten Kunstskandal der Vormärzzeit aus. Später erhitzten sich die Gemüter bei der Frage, ob man einen stehenden oder sitzenden Kaiser aufstellen sollte. Nach jahrelangem Streit erfolgte schließlich am 18. Oktober 1842, dem Jahrestag der Völkerschlacht von Leipzig, die Grundsteinlegung im inneren Hof der kaiserlichen Hofburg. Dann verstrichen abermals vier Jahre bis zur Aufstellung des Monuments. Franz Joseph beschreibt das aggressive Klima, das bei der Ausgabe der verschiedenfarbigen Eintrittskarten für den Festakt herrschte und das als Vorbote der Märzrevolution von 1848 gelten kann.

13. Juni 1846

Heute wurden die Billette, für die am 16. zu erfolgende Enthüllung des Monumentes des Kaisers Franz, in der Trabantenstube [der Hofburg] ausgetheilt. Der Eingang dazu war durch den Augustinergang. Nun wollten aber alle Leute hinein um die geholten Billette dann bis zu 15fl [Gulden] verkaufen zu können. Die Spalier wurde niedergerißen. Es mußte eine Compagnie Infanterie und Cavallerie geholt werden. Die Leute fingen an mit Stöcken und mit Steinen zu werfen. Im Haus vom Onkel Karl [Albertina] wurden die Fenster eingeschlagen und erst dem Platz Generale Matauscheck gelang es die Ruhe herzustellen. Einige Leute, sowohl Soldaten als auch andere wurden bleßirt.

16. Juni 1846

Um 1/2 9 Uhr fuhr ich mit Papa und Mama in die Stadt, wo ich mich in Uniform setzte. In der Mitte des Platzes, der noch ganz leer war, stand das verschleyerte Monument; rings um den Platz waren Tribunen gebaut. An den Schweizerhof war die große Hoftribune, jene für den Hofstaat und jene für das diplomatische Corps angelehnt. Um 1/4 auf 10 Uhr fing man an die Leute die mit Billetten versehen waren hereinzulaßen und

bald war alles gefüllt. Um halb 11 Uhr ging ich mit Papa und Mama zum Kaiser von wo aus der Zug in die Kirche ging, wo der Hofprediger Ottmar eine Predigt hielt und dann der Erzbischof das Hochamt las.

Nach demselben zog man [sich] in die Zimmer des Kaisers zurück und ungefähr um 1/2 1 Uhr ging man auf die Tribune. Der Hof wurde mit Vivat und Militärmusik empfangen. Auf dem Platze waren zwey Grenadier Bataillons und die bürgerl. Grenadiere aufgestellt, auf dem äußeren Burgplatze und den benachbarten Wällen die Garnison, auf dem Glacis die Cavallerie und in der Stadt die Bürger.

„Wie etwas nicht sein soll": Die Enthüllung des Monuments für Kaiser Franz I. in der Wiener Hofburg.

Das Datum der Enthüllung des Monuments – die Befürworter einer Standfigur nach dem Vorbild der römischen Imperatoren hatten sich durchsetzen können – war symbolträchtig, hatte doch ganz Wien am 16. Juni 1814 die Rückkehr des Kaisers nach dem Sieg über Napoleon gefeiert.

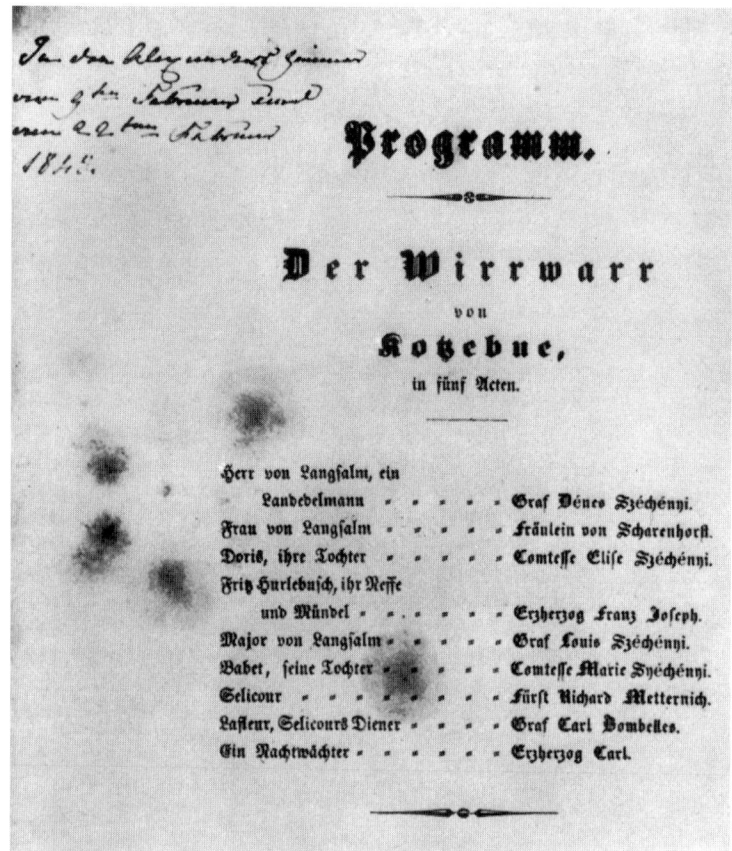

Ahnungslos:
Kurz vor der Revolution geben
kaiserliche Laiendarsteller
„Wirrwar" von Kotzebue.

Es war auch der erste öffentliche Auftritt des jungen Franz Joseph, der – inmitten von zwölf Erzherzögen – den Kaiser zur Zeremonie geleitete, die fast im Chaos unterging, da ein Großteil der Platzkarten vertauscht worden war.

Als auf dem Platz alles ruhig war, hielt der Fürst Metternich eine Rede an den Kaiser und dieser antwortete ihm, darauf wurde auf ein Zeichen die Statue enthüllt, nur blieb unglücklicher Weise das Tuch welches den Kopf bedeckte zu lange hängen. Alle Musicken erschollen nun, die ganze Garnison gab Dechargen und die Kanonen schoßen 101 Schuß. Nun stimmte die zahlreich versammelte Geistlichkeit das Tedeum an, worauf die Bürger und dann die Garnison defilirten.

Kaiser Ferdinand I. hat damals tatsächlich das Wort ergriffen. Allerdings mußte ihm jedes Wort vorgesagt werden. Pannen störten auch die feierlich-würdige Enthüllung. Nachdem ein Strick gerissen war, zeigte sich dem amüsierten Publikum ein Kaiser

Franz mit eingewickeltem Kopf. Nach langem Hin und Her wurde eine Leiter gefunden. Nur mit Mühe konnte Erzherzog Franz Joseph davon abgehalten werden, selbst hinaufzusteigen. Schließlich erklomm ein Arbeiter das schwankende Gerät und vollendete den Festakt.

Bei der Heimkehr meinte Erzherzogin Sophie zu ihrem Ältesten: „Nun hast du einmal gesehen, wie etwas nicht sein soll und das ist auch eine wertvolle Belehrung." Ferdinand Maximilian schrieb in sein Tagebuch : „[...] es war ein fast rührendes Fest."[143]

Ende Juli 1846 *reiseten Papa, Mama und der kleine Ludwig* wie alljährlich auf Sommerfrische nach Ischl, während Franz Joseph in Wien Unterricht hatte, der nur von häufigen militärischen Übungen unterbrochen wurde.

Ich exerzirte mehrmal mit einer Eskadron meiner Dragoner Division, trat dann zweymal als Rittmeister in der Division ein, kommandierte dieselbe, kommandirte einmahl die Oberstdivision im Husarenregimente und dann dreymal das Regiment auf der Simmeringer Haide, dann fing ich das Artillerie Exerzierregelment mit dem Oberlieutenant Kappler an und exerzirte schon 8mal und zwar mit einer, mit zwey und mit vier Batterien auf der Haide.[144]

Nun geschah nichts besonderes mit uns bis wir am 14 August von Schönbrunn abreiseten und uns auf dem Dampfschiffe nach Linz [...] und von da nach Ischl begaben, wo wir am 15. zu Tische eintrafen. Hier fanden wir Papa Mama, den kleinen Ludwig [...]

– vor allem aber das nicht namentlich erwähnte Fräulein Bertha von Marwitz, den Sommerflirt des Vorjahres. Außerdem bestand ein Andrang an gekrönten Häuptern.

[...] die Tanten Elise, und Marie und den Onkel Karl von Bayern [...] der Großfürst Michael seine Frau und seine zwey Töchter Töchter sind auch in Ischl. Am 19. traf Erzherzog Ludwig ein, gefolgt von Prinz Wasa,[145] *der Kaiserin-Mutter sowie Prinzessin Amelie von Schweden.*

Die Habsburger waren mit allen großen Adelshäusern Europas verschwägert. Diese engen, meist freundschaftlichen Bande vermittelten – in einer Zeit zunehmender nationaler Strömungen – trügerische Sicherheit. Allzugern hörte man, daß Europa eine Familie sei, und arrangierte immer neue Heiraten in der vergeblichen Hoffnung, über die Verwandten politischen Einfluß ausüben zu können. Im Ernstfall gingen jedoch stets die Interessen des Landes vor, war Politik stärker als Blut. Metternich teilte die trügerischen adeligen Illusionen nicht: „Europa gleicht einem Wildgehege, dessen Insassen oft friedlich nebeneinander grasen, dann plötzlich übereinander herfallen."

Anläßlich von Franz Josephs Geburtstag ging man auf die Jagd.

Am 19. August fand die erste Gemsenjagd in der hohen Schrott statt, bey welcher 11 Gemsen geschoßen wurden. Mir kamen nur 3, welche ich alle zusammen schoß.

Tags darauf fand ein vergnüglicher Ausflug auf den Schafberg statt, an dem auch das Fräulein Marwitz teilnahm. Damit endete der Sommerurlaub Franz Josephs jedoch schon wieder. Als Kaiser hat Franz Joseph dann diesen Kurzurlauben ein Ende gesetzt, indem er Ischl zu seiner offiziellen Sommerresidenz ernannte.

1. September [:] Ich verließ Ischl um 11 Uhr und kehrte auf dieselbe Art wie ich gekommen war, nach Schönbrunn zurück, wo ich am Nachmittage [des nächsten Tages] anlangte.

Bereits zwei Tage später ging es zu den Manövern nach Olmütz in Mähren, wo Franz Joseph sein Regiment kommandierte.

4. September 1846.

Reiseten wir, nämlich Grf. Bombelles, Gf. Coronini und Oberst Hauslab mit dem 6 Uhr Train nach Ollmütz, wo wir nach 1 Uhr anlangten. Dando empfing uns im Bahnhofe und führte uns in sein Haus, wo Grf. Bombelles und ich, wohnten, während die beyden anderen Herren im Gasthaus zum Goliath abstiegen [...]. Nachmittag ritt ich mit Dando auf einem Schimmel, der ihm gehört in das Lager was eben eine halbe Stunde von Ollmütz aufgeschlagen wird. Beym Hinreiten ging der Braune den Dando ritt, mit ihm durch, blieb aber zum Glück bald stehen, so daß Dando abspringen konnte. Abends tranken wir bey Dando Thee.

6. Sonntag

Um 8 Uhr war Kirchenparade der Garnison auf dem Platz. Nach der Messe defilirte alles [...] Nachmittage ritt ich in der Umgebung spazieren, und ging dann in das schlechte Theater.

8. Maria Geburt.

Nachdem wir mit Dando [...] die Messe gehört hatten, fuhr ich mit den Herren in 3 Stunden nach Kremsier zum Erzbischofe von Ollmütz, bey dem wir ein glänzendes Diner einnahmen. Vor und nach dem Essen sahen wir die schönen Gärten und alle Merkwürdigkeiten des Schloßes an und kamen erst um 1/2 10 Uhr Abends nach Ollmütz zurück.

Auch der Sprengarbeit eines Minenkorps sah Franz Joseph zu: [...] sah ich drey Minen sprengen und erhielt dann selbst theoretischen Unterricht.

9. September

Von 8 bis 9 Uhr nahm ich mit dem Lieutenant Beck des Mineur Corps theoretischen Unterricht in den Mineur Arbeiten. Dann ritt ich auf der polnischen Straße meinem Regimente entgegen, welches ich dann in das Lager einführte [...].

Am 24 und 26 Oktober hatten wir schriftliche und am 27, 28 und 29 hatten wir mündliche Prüfungen. Am 31ten war ich mit Papa in Holitsch auf der Fasangarten Jagd, wo 2623 Stücke geschoßen wurden von denen ich 175 erlegte.

2. November 1846

Zogen wir von Schönbrunn in die Stadt, nachdem schon alle Glieder der Familie früher herein gekommen waren. Mit der Winter Eintheilung begann ich mehrere neue Studien, nämlich : Jus, Physik, Chemie und Fortifikation.

Der neue „Ausweis über die Stundeneintheilung für Seine kaiserliche Hoheit Franz Joseph" lag bereits seit 1. Oktober 1846 vor. Er sah 15 Gegenstände vor: Religion, Literatur, Rechtswissenschaften, Militärstudien, Mathematik, Physik, Chemie, Geschichte, Latein, Griechisch, Französisch, Italienisch, Ungarisch, Böhmisch und Freihandzeichnen. Da an der Unmusikalität des Erzherzogs bereits einige Lehrer gescheitert waren, enthielt das Dokument einen Nachsatz: „In der Voraussetzung, daß die Musikstunden aufhören, verbleiben noch einige Stunden in der Woche, die [...] für irgendeinen Gegenstand (zusätzlich) verwendet werden können."[146]

Außerdem wurde Franz Joseph in seiner kargen Freizeit – jeden Sonntag nachmittags – von Staatskanzler Metternich höchstpersönlich in Staatslehre unterwiesen.

Stunden-Eintheilung
Sr. Kaiserlichen Hoheit des Durchlauchtigsten Herrn Erzherzog Franz

Erholung nur vor dem Nachtessen:

Franz Josephs Stundenplan, 1846.

Am 13. 1. 1847 verstarb in Budapest Palatin Erzherzog Joseph, der als Stellvertreter des Kaisers das höchste politische Amt in Ungarn ausgeübt hatte.

14. Jänner 1847

Kam in der Frühe hier die Nachricht an daß der Palatinus, der wieder seit einigen Tagen krank war, gestorben sey. Ich bekam gleich Befehl nach Ofen zu reisen, um der Leiche beyzuwohnen, und verließ dannach Wien am 15. um 4 Uhr frühe [...]. Graf Bombelles Grf. Coronini und meine Wenigkeit, fuhren mit der Eisenbahn bis Bruck an der Leitha, wo unsere Reisewägen mit Bauernpferden bespannt wurden. Ich fuhr mit Grafen Bombelles in einem Courier Calesche, Grf. Coronini in einer Pricska und ebenso Legrenzi. Um 6 Uhr fuhren wir von Bruck ab, und flogen nun.

Franz Joseph überbrachte ein Beileidsschreiben seiner Mutter an die Witwe und stellte in einem Brief fest: „Sie weinte gar nicht und war ganz wie sonst."[147] Von der schon seit Beginn des Jahres 1847 immer stärker werdenden antiösterreichischen Stimmung in Ungarn scheint er nichts bemerkt zu haben. Auch den weitverbreite-

Überholt:
Scheuendes Pferdegespann an
der Südbahn.

ten Witz, daß dem Palatin die Aufnahme in den Himmel verweigert worden sei, weil er als oberster Schutzherr Ungarns nur die österreichischen Interessen vertreten hätte, hörte er nicht. Die Wiener Hofdamen kommentierten damals den Tod des Palatins auf ihre Weise. „Seit ich Dir schrieb, sitzen wir tief in den schwarzen Kleidern für den Palatin. Die Trauer dauert vom 18. Januar vier Wochen ganz schwarz und vierzehn Tage Abtrauer. Mit diesem düsteren Ereignis ist die Karnevalshoffnung rein zertrümmert [...]."[148]

Infolge des gedrängten Zeitplans fehlen vom 15. 1. 1847 bis zum 3. 6. 1847 Eintragungen im Tagebuch.

3. Juny 1847

Da ich diese ganze lange Zeit nichts geschrieben habe, so laße ich diese Zeit, in welcher der, am 30. April erfolgte Tod des Onkel Karl, merkwürdig ist, aus und fange von neuem an:

Das Wasser steigt:
Überschwemmung in Wien
1847.

Wir sind in Schönbrunn, von wo aus wir heute mit Onkel Karl von Bayern in die Stadt
gefahren sind um der Frohnleichnams Procession beyzuwohnen [...] nachdem wir die
Procession von der Reitschule gesehen hatten, fuhren wir in das Kriegsgebäude, um von
dem Balkon desselben dem Defiliren der Truppen und der Bürger beyzuwohnen.

Am 16. Oktober hat Erzherzog Franz Joseph dann in Stellvertretung des Kaisers den
Sohn des Anfang des Jahres verstorbenen Palatins als Statthalter von Ungarn einge-
setzt.

„Obgleich Erzherzog Franz Joseph erst siebzehn Jahre alt ist, fand sich doch in
der Familie keiner, der der ungarischen Sprache so mächtig ist wie er. Die Ungarn
waren entzückt", notierte sich damals Baronin Scharnhorst.

Umgekehrt gewann auch Franz Joseph einen positiven Eindruck von den Ungarn. Er schrieb noch am 16. Oktober 1847 aus Ofen (Buda): „Liebe Mama! [...] Ihnen anzuzeigen, daß ich statt Montag morgens erst an diesem Tage abends in Schönbrunn eintreffen werde, da Stephan mir die sehr angenehme Proposition gemacht hat, über Alcsuth[149] und Babolna[150] zurückzureisen. Die Installation ist glücklich verlaufen. Meine Reden, deren Zahl in Ofen noch gewachsen ist, habe ich glücklich angebracht und bin dabei nur von den Eljenrufen der enthusiasmierten Ungarn unterbrochen worden.“[151] Franz Joseph schätzte die Lage vollkommen falsch ein. Tatsächlich stand Ungarn vor dem Ausbruch einer Revolution, die die Beseitigung der habsburgischen Herrschaft zum Ziel hatte. Es blieb dem jungen Erzherzog wohl auch verborgen, daß die nationale ungarische Partei des Ludwig Kossuth enormen Zulauf hatte und immer häufiger und lauter die Unabhängigkeit Ungarns sowie die Errichtung einer Republik forderte.

„Nur von Eljenrufen unterbrochen“:
Erzherzog Franz Joseph und Erzherzog Stephan, der neue Palatin.

Während Franz Joseph 1847 sein Tagebuch nur mehr sporadisch führte, nahm er es mit seinem Wirtschaftsbuch, aus dem eine erstaunliche Änderung der erzherzoglichen Lebensgewohnheiten ersichtlich wird, sehr genau. Die plötzlich auftauchenden Posten für Blumenkörbe, Bonbonnieren und Rosensträuße deuten darauf hin, daß Franz Joseph bereits galante Abenteuer erlebte, die er seinem Tagebuch – und der Mutter – vorenthielt. Auch das Rauchen hat er sich zwischen dem 16. und 17. Lebensjahr angewöhnt, da mehrmals Ausgabenposten für Zigarrenpakete, die sich zwischen 10 und 21 Gulden bewegen, aufscheinen.

Bei kleineren Beträgen erscheint die Anmerkung „Unwissend ausgegeben". Dann zieht der Erzherzog gewissenhaft Bilanz. Ausgaben in der Höhe von 2315 Gulden stehen Einnahmen von rund 2000 Gulden gegenüber. Das Defizit dürfte von der Mama ausgeglichen worden sein.

Nachdem der Herbst des Jahres 1847 infolge einer katastrophalen Ernte bereits im Zeichen von „Hungerkrawallen" gestanden hatte, begann das Jahr 1848 mit Unruhen in Sizilien und mit dem „Mailänder Zigarrenrummel", einem Raucherstreik italienischer Patrioten zur Schädigung des österreichischen Fiskus. Ermutigt durch die Pariser Februarrevolution, trat dann in Budapest die Partei des Advokaten Kossuth mit immer radikaleren Forderungen auf. Auch in Wien wurde der Ruf nach einer „Konstitution" immer lauter.

In diesen unruhigen und bedrohenden Zeiten versammelte sich die kaiserliche Familie am 9. Februar 1848 im Appartement des Kaisers, um – einer Theateraufführung beizuwohnen. Franz Joseph, seine Brüder und die „Knaben" gaben, nachdem über die Verteilung der Rollen lange diskutiert wurde, „Wirrwarr", ein Lustspiel von August von Kotzebue zum besten. „Die Aufführung", berichtet Erzherzogin Sophie, „gelang wunderbar. Es wurde mit feinen Nuancen über alles Erwarten gut gespielt."

Am 3. März verlangte Kossuth vor dem ungarischen Landtag in Preßburg die Einführung einer demokratischen Repräsentationsverfassung. Der Inhalt der Rede verbreitete sich mit Windeseile in Wien und sollte noch im März 1848 zum Auslöser der Revolution in Österreich werden. Sie richtete sich gegen das absolutistische Regime, das seinen Bürgern beharrlich jegliche Mitwirkung an der Führung des Staates verweigerte. Die Wut galt vor allem Fürst Metternich, „dem Fürst von Mitternacht" und der Staatskonferenz. Den geisteskranken Träger der Kaiserkrone Ferdinand I. sah man eher als ein Opfer seiner Umgebung.

Da der Hof die Petitionen von Studenten, wie auch alle Eingaben, nicht beantwortete, kam es zu Demonstrationen. Erzherzog Franz Joseph hat den Ausbruch der Unruhen als Augenzeuge miterlebt und beschrieben.

„Unter fortwährendem Geschrei": Am 18. März 1848 auf dem Josefsplatz. Stich.

März 1848.

13.

An diesem Tage war die Versammlung der niederösterreichischen Stände angesagt. Die Herrengasse, welche leider nicht abgesperrt worden war, füllte sich seit frühem Morgen immer mehr und mehr mit Menschen, so daß um 10 Uhr, wo die Sitzung beginnen sollte, dieselbe und der Hof des Landhauses ganz mit Menschen gefüllt waren. Vor 10 Uhr wurde die Burg durch 2 Grenadier Bataillons gänzlich abgesperrt.

Die Sitzung der Stände hatte kaum begonnen, als sie durch das Schreyen und Poltern der im Hofe und auf den Stiegen gedrängten Menge unterbrochen wurde, welche dann auch zu öfteren Malen in den Saal eindrang und alles zerschlug.

Um 1 Uhr beschloßen die Stände, da sie sahen, daß sie nichts berathen konnten, eine Deputation in die Burg zu schicken, welche die Wünsche des Volkes, das heißt, der aufrührerischen Studenten und Bürger vorlegen sollten.

Unterdessen hatte ein Haufen Volk einen Redner an der Spitze, sich aus dem Landhause vor die Statskanzley begeben, wo der Redner, unter fortwährendem Geschrey eine lange Rede hielt, worauf die Leute weiter zogen.

Der Redner war Dr. Adolf Fischof, der die Rede Kossuths verlas und in flammenden Appellen den Forderungen der Demonstranten Nachdruck verlieh.

Unterdessen hatte sich die Conferenz beym Onkel Ludwig versammelt, und er hatte dann die Deputation empfangen und ihr, glaube ich eine abschlägige Antwort ertheilt. Während die Deputation, welche erst nach 3 Uhr entlaßen wurde, noch beym Onkel Ludwig war, rückte die ganze Garnison aus und suchte in der Stadt die Ordnung herzustellen. Die Thore wurden geschloßen und besetzt. Bald kam es zu Conflicten, das Militär wurde mit Steinen und Brettern beworfen, General Mattauschek in der Herrengasse blesirt und vom Pferde gerißen, worauf die dort befindlichen Pioniere Feuer gaben und mehrere Leute tötteten und verwundeten.[152]

Daraufhin begannen die Demonstranten in der Inneren Stadt mit dem Bau von Barrikaden, während in den Vorstädten Fabriken angezündet, Polizeistuben gestürmt und einige Beamte gelyncht wurden.

Auf dem Hofe machten die Cuirassiere mehrere Attaquen, auf dem Judenplatz wurden Barricaden gemacht, bald aber wieder von der Truppe zerstört, kurz es war ein förmliches Gefecht.

Mit den Ursachen der Revolution hat sich Franz Joseph in keiner Weise auseinandergesetzt. Zeitzeugen berichten jedoch von einer breiten Palette von Mißständen, großer sozialer Not, Spannungen unter den Nationen und einer rapiden Teuerung, die zur Verelendung ganzer Bevölkerungsschichten geführt hatte.

Ungefähr um 5 Uhr fingen auch die uniformierten Bürger an sich zu versammeln und schickten eine Deputation zum Onkel Ludwig um ihre Dienste unter der Bedingung anzubringen, daß man die Wünsche des Volkes erfülle, und sie drängten besonders darauf, daß der Fürst Metternich abdiciere.

Angesichts der bedrohlichen Situation entschließen sich Regierung und Kaiserhof zu Konzessionen: Man gewährt Pressefreiheit und stimmt der Forderung nach Volksbewaff-

Die Fäden verloren: Altersbildnis von Clemens Wenzel Lothar Fürst von Metternich.

nung zu. Noch in der Nacht begann vor dem bürgerlichen Zeughaus am Hof die Waffenausgabe. Die Bürger schlossen sich in der Nationalgarde zusammen, die Studenten formierten die Akademische Legion. Der Rücktritt Metternichs, des personifizierten Symbols vormärzlicher Unterdrückung, wurde verlautbart, und die Familie Habsburg unternahm nicht den geringsten Versuch, jenen Staatsmann, der seit 1810 die Interessen ihres Hauses wahrgenommen hatte, zu halten. Im Gefolge Metternichs ist auch der „Primo Ajo" Heinrich Graf Bombelles ein Opfer der Revolution geworden. In den Zeitungen wegen seiner unbeugsamen reaktionären Gesinnung und seines Einflusses auf Franz Joseph heftigst angegriffen, wurde ihm von der Erzherzogin Sophie im Juni 1848 schließlich bedeutet, seinen Abschied einzureichen.

Flüchtiges Schlachtenglück:
Franz Joseph und Radetzky
bei Santa Lucia.
Heliogravüre nach dem
Gemälde von P. Fleischer.

Aus adeliger Sicht nahm man die Wiener Märzrevolution folgendermaßen zur Kenntnis: „Es gibt wenig Geselligkeit, aber desto mehr Theater. Wir [Baronin Scharnhorst und Prinzessin Amalie von Schweden] versäumen selten einen Abend […]. In den Vorstadttheatern sah ich mehrere sehr unterhaltsame Tendenzstücke, die wenig Notiz von dem Belagerungszustand nehmen. Dieser wird aber energisch gehandhabt, was, wie ich höre, sehr notwendig sein soll. Man sieht viele Offiziere in den Straßen und im Theater.“

Tatsächlich spielten die Theater auch während der Unruhen, und Erzherzog Franz Karl besuchte am 2. April 1848 mit seinen Söhnen unbekümmert das Josephstädter Theater. Man gab „Adelheid, Königin von Italien.“

Das Tagebuch des jungen Erzherzog Franz Joseph endet am 13. März. In den kommenden dramatischen Monaten, als die Existenz der Habsburgermonarchie auf dem Spiel stand, war keine Zeit zum Schreiben. Erzherzog Franz Joseph selbst reiste am

25. April 1848 nach dem italienischen Kriegsschauplatz ab und nahm unter Feldmarschall Radetzky am 6. Mai 1848 an der Schlacht bei Santa Lucia teil. Nach der
Abdankung Kaiser Ferdinands I. bestieg er am 2. Dezember 1848 den Habsbur-
gerthron. Niemand konnte mehr verlangen, daß er sein Tagebuch weiterführe.

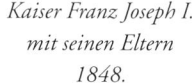

Kaiser Franz Joseph I.
mit seinen Eltern
1848.

Anmerkungen

1 Erzherzog Ludwig (1784–1864), Großonkel Franz Josephs, Vorsitzender der „Staatskonferenz", die für den regierungsunfähigen Kaiser Ferdinand I. die eigentlichen Geschäfte führte. 1819–1849 bekleidete er auch das Amt eines General-Artillerie-Direktors. Erzherzog Ludwig war ein Anhänger des Absolutismus.

2 Erzherzogin Marie Louise [1791–1847], die einstige Gattin Napoleons, eine Großtante Franz Josephs.

3 Leichte Kavallerie im Leibregiment Liechtenstein.

4 Vgl. Stephan Vajda, Mir san vom k.und k. … Die kuriose Geschichte der österreichischen Militärmusik. Wien 1977.

5 Kaiser Ferdinand I.

6 Georg Kugler, Der Hofstaat des Kaisers Franz. In: Katalog der Ausstellung Kaisertum Österreich 1804–1848, Bad Vöslau 1996, S. 81ff.

7 Aufsatz Franz Josephs vom 23. 9. 1843; zitiert nach Egon Caesar Conte Corti, Vom Kind zum Kaiser. Kindheit und erste Jugend Kaiser Franz Josephs I. und seiner Geschwister, Graz 1950, S. 205f.

8 Erzherzogin Marie Louise.

9 Erzherzog Ludwig Viktor, der am 15. 5. 1842 geborene jüngste Bruder Franz Josephs.

10 Hofdamenbriefe um Habsburg und Wittelsbach [1835–1865]. Hrsg. von Richard Kühn, Berlin 1942, S. 90.

11 Brief an Ferdinand Maximilian vom 26. 8. 1844. Varia d. Kab. Reg. K1, Konv. 11; Haus-, Hof- und Staatskanzlei, Wien.

12 Johann Graf Coronini-Cronberg, Secundo Ajo von Franz Joseph. Graf Timotheus Graf Ledochowski, Kammerherr und Erzieher Franz Josephs von November 1842 bis Oktober 1843.

13 Er blieb nur 1878 und 1915/16 aus.

14 Gräfin Ernestine Schönborn, Obersthofmeisterin von Erzherzogin Sophie.

15 Ludovika in Bayern, geb. Prinzessin von Bayern (1808–1892).

16 Amalie (1801–1877), verh. mit König Johann I. von Sachsen; Marie (1805–1877) verh. mit König Friedrich August von Sachsen; Elisabeth (1801–1873), verh. mit König Friedrich Wilhelm IV. von Preußen.

17 Herzog Maximilian in Bayern (1808–1888). Vgl. Aloys Dreyer, Herzog Maximilian in Bayern, München 1909.

18 Ludwig von Schwanthaler (1802–1848), der meistbeschäftigte Bildhauer des Münchner Klassizismus.

19 Bericht der „Wiener Zeitung" vom 18. 12. 1843.

20 Herzog Max von Leuchtenberg, Sohn von Eugene Beauharnais und Auguste von Bayern.

21 Karoline von Bayern, die Mutter der Erzherzogin Sophie, war im Vorjahr verstorben.

22 In jüngster Zeit wurde das Schloß parifiziert und in Eigentumswohnungen aufgeteilt.

23 „Tante Elise", Elisabeth, Prinzessin von Bayern, Gattin König Friedrich Wilhelms IV. von Preußen.

24 „Gackel" machte später als Augenarzt Karriere. Richard Sexau, Fürst und Arzt. Dr. med. Herzog Carl Theodor in Bayern. Wien 1963.

25 Brigitte Hamann, Elisabeth. Kaiserin wider Willen, Wien 1993, 26ff.

26 Briefe Kaiser Franz Josephs I. an seine Mutter. Hrsg. von Franz Schnürer, München 1930, S. 221f.

27 Hofdamenbriefe, S. 72f.

28 Baurat Himbsel [1787–1866] war ein Münchner Unternehmer und Begründer der Starnberger Eisenbahn und Dampfschiffahrt.

[29] „Himbsel", heute Annast-Haus, mit den Arkaden im Hofgarten.

[30] Hofdamenbriefe, o. D., S. 116f. Zu Ludwig I.: Egon Cäsar Conte Corti, Ludwig I. von Bayern. München 1937.

[31] Brief o. D. Zitiert nach Corti, Vom Kind, S. 99.

[32] Bericht der „Wiener Zeitung". Wissenschaftliche Nachrichten zum 18. 9. 1843.

[33] Wiener Zeitung. Bericht vom 16. 9. 1843.

[34] Brief Sophies an ihre Mutter. Wien, 12. 3. 1839.

[35] Franz Ludwig (1839–1891), ab 1845 Graf von Meran.

[36] Das Palais Meran.

[37] Der Park des Schlosses Esterházy im englischen Landschaftsstil war berühmt. Der Leopoldinentempel hatte den Sybillentempel in Rom zum Vorbild. Vgl.: Die Fürsten Esterházy. Magnaten, Diplomaten & Mäzene. Katalog der Ausstellung der Republik Österreich, des Landes Burgenland …, Eisenstadt 1995, S. 56f.

[38] Vgl. Ulrich Arco Graf Arco-Zinnenberg, Kaiser Franz II. (I.) in seiner Zeit. In: Katalog Kaisertum Österreich, S. 105 ff.; Gerhard Sailer, Franz – Ein Biedermeierleben in der Hofburg. In: Katalog Kaisertum Österreich, S. 95 ff.

[39] Undatierter Brief an Ferdinand Maximilian. Varia d. Kab. Reg. K1, Konv. 11; Haus-, Hof- und Staatskanzlei, Wien.

[40] Pötzleinsdorf, Teil des 18. Wiener Gemeindebezirks.

[41] Luise Freiin von Sturmfeder, die Kinderfrau Franz Josephs.

[42] Eintragung vom 31. 10. 1844. Der Richter von Lainz war eine beliebte Meierei am Lainzerbach nahe Schönbrunn, wo die kaiserliche Familie deftige Gerichte aß. Unter der Bezeichnung Heurigenrestaurant „Zum Wambacher", Wien 13. Bezirk, Lainzerstraße 123, besteht die Gastwirtschaft noch heute.

[43] Eine Art Fangen-Spiel.

[44] Corti, Vom Kind, S. 165. Auf Veranlassung Metternichs wurden die habsburgischen Familienangelegenheiten in einem Familienstatut geregelt, das dem Kaiser weitreichende Macht über alle Mitglieder des Kaiserhauses einräumte. „Entwurf eines allerhöchsten Familienstatuts". Varia d. Kab. Reg. K1, Konv. 9; Haus-, Hof- und Staatsarchiv, Wien.

[45] Rudolf Wrbna, Sohn des gleichnamigen Obersten Stallmeisters, Graf Wrbna.

[46] Auf unbekanntem Weg gelangten die Zeugnisse Franz Josephs an das Mädchen-Gymnasium in der Wenzgasse (Wien, 13. Bezirk), wo sie bis 1938 in Gangvitrinen ausgestellt waren.

[47] In seinem der Hofburg benachbarten Palais, der heutigen Albertina. Erzherzog Karl (1771–1847), der „Sieger von Aspern" im Kampf gegen Napoleon, war ein Bruder Kaiser Franz' I. und ein Großonkel Franz Josephs.

[48] Die Tagebücher der Erzherzogin Sophie. Depot Erzherzogin Sophie Nr. 24 – Haus-, Hof- und Staatsarchiv, Wien.

[49] Tagebuch […] vom 28. September bis 3.October 1839. Das Manuskript besteht aus 16 in schöner, regelmäßiger Handschrift beschriebenen Seiten – Katalog zur Auktion am 27. Mai 1999 der Galerie Hassfurther, Wien.

[50] Archiv Max von Mexico, Kt. 99, Haus-, Hof- und Staatsarchiv, Wien.

[51] Gabriele Praschl-Bichler, Kaiserliche Kindheit, Wien 1997.

[52] Corti, Vom Kind, S. 121.

[53] Die Kindheit unseres Kaisers, Briefe der Baronin Louise von Sturmfeder aus den Jahren 1830–1840. Hrsg. von A. Weimar, Wien, o. J., S. 41ff.

54 Eva B. Ottilinger, Lieselotte Hanzl, Kaiserliche Interieurs. Die Wohnkultur des Wiener Hofes im 19. Jahrhundert, Wien 1997, S. 126f.

55 Im Hofburgtheater: Die Reise nach der Stadt – Lustspiel in 5 Acten.

56 Die Josephskapelle, früher Kammerkapelle genannt, war die Privatkapelle des Kaiserhauses in der Hofburg.

57 Die Habsburger. Ein biographisches Lexikon. Hrsg. von Brigitte Hamann, Wien 1988, S. 223ff.

58 Graf Ledochowski verabschiedete sich am 5. Oktober 1843.

59 Eintragung vom 5. 11. 1843.

60 Ernst Karl Graf Hoyos-Sprinzenstein [1830–1903]. In: Hans Hoyos, Horner Schloßherren aus der Familie Hoyos. Festschrift zur 50-Jahr-Feier des Höbarthmuseums und Museumsvereins in Horn 1930–1980. S. 206ff.

61 Wiener Zeitung, Wissenschaftliche Nachrichten vom 11. 12. 1843.

62 Alexander Baumann [1814–1857], Kollege von Franz Grillparzer im Kammerarchiv; Dialektdichter, Komponist und Reisender.

63 Es handelt sich um den Rußlandfeldzug Napoleons 1812, bei dem Österreich Hilfstruppen stellte.

64 Schlacht im Siebenjährigen Krieg. Graf Leopold Daun schlug damals die Preußen, und Kaiserin Maria Theresia stiftete den nach ihr benannten höchsten österreichischen Militärorden. Vgl. Peter Diem, Die Symbole Österreichs. Wien 1995, S. 215.

65 Praschl-Bichler, Kaiserliche Kindheit, S. 17.

66 Erzherzogin Marie Anna, die Schwester Franz Josephs.

67 Eintragung Franz Josephs vom 7. Oktober 1843. Erzherzogin Maria „Rainer" (1821–1844) starb dann am 22. 1. 1844 an „Abzehrung".

68 Undatierter Brief. Varia d. Kab. Reg. K1, Konv. 3; Haus-, Hof- und Staatsarchiv, Wien.

69 Eigenhändiger Zettel des Erzherzogs Franz Joseph vom 15. 4. 1844, Varia der Kab.Reg. K1, Konv. 11; Haus-Hof- und Staatsarchiv, Wien.

70 Er lehrte Körper- und Situationszeichnen.

71 Undatierter Brief an Ferdinand Maximilian. Varia d. Kab. Reg. K1, Konv. 11; Haus-, Hof- und Staatsarchiv, Wien.

72 1849 wurde Hügel österreichischer Gesandter in der Toskana und verkaufte seinen Besitz der Fürstin Wrede. Die Hügelschen Gärten befanden sich auf dem Areal der heutigen Braunschweiggasse im 13. Wiener Gemeindebezirk [Hietzing]. Vgl.: Felix Czeike, Historisches Lexikon, Bd. 3, Wien 1994.

73 Brief Franz Josephs an Erzherzog Ferdinand Maximilian vom 7. 8. 1844; Varia d. Kab. Reg. K1, Konv. 11; Haus-, Hof- und Staatsarchiv, Wien.

74 Tagebucheintragung vom 14. 8. 1844.

75 Eintragung vom 24. Mai 1844.

76 Hildegard von Bayern 1825–1864.

77 Brief vom 9. 9. 1844.

78 Hans Magenschab, Andreas Hofer. Graz-Wien 1984.

79 Brigitte Hamann, Die Habsburger, S. 268. Anna Maria Sigmund, Das Haus Habsburg-Habsburgs Häuser, Wien 1995, S. 154ff.

80 Zur Entwicklung des Bahnnetzes in Österreich: Die Eisenbahnen in Österreich. Offizielles Jubiläumsbuch zum 150jährigen Bestehen, Hrsg. Verlag Bohmann, Wien 1986.

81 Erzherzog Albrecht (1817–1895).

82 Erzherzog Albrecht an seinen Vater, Erzherzog Franz Karl. Brief vom 3. 10. 1844, Haus, Hof- und Staatsarchiv, Wien.

[83] Dando hieß eigentlich Ferdinand d'Este (1821–1849) und war der Sohn von Herzog Franz IV. von Modena. Er hatte die Militärlaufbahn eingeschlagen und war damals seinem gleichnamigen Onkel, dem Militärgouverneur von Galizien, zugeteilt.

[84] Aus den Bataillons der Infanterie des Erzherzogs Friedrich.

[85] Eintragung vom 7. Dezember 1843.

[86] Am 20.8.1835 hat er für den Fall seines Todes Sophie zum Vormund seiner Kinder bestimmt. Varia d. Kab. Reg. K1, Konv. 10; Haus, Hof- und Staatskanzlei, Wien.

[87] Wilhelm (1827–1894), das jüngste Kind Erzherzog Karls.

[88] Franz Joseph, Tagebuch einer kleinen Gebirgsreise vom 28. 9. bis 3. October 1839; Eh.Ms; Katalog des Auktionshauses Hassfurther Nr. 27, 1999, S. 66.

[89] Brief vom 5. Oktober 1834.

[90] Das am 13. November 1855 geschlossene Konkordat gab der katholischen Kirche weitgehende Rechte auf dem Gebiet der Ehegerichtsbarkeit sowie des Erziehungswesens. Es wurde in liberalen Kreisen abgelehnt.

[91] Anna Maria Sigmund, In Wien war alles schön, Wien 1997, S. 121f.

[92] Joseph Alexander Freiherr von Helfert, Die Thronbesteigung des Kaisers Franz Josephs I (Prag) 1872, S. 1f.

[93] Praschl-Bichler, Kaiserliche Kindheit, S. 72. Die Ordenskleidung des noch immer existierenden Ordens besteht aus einem langen roten Samtmantel mit weißem Futter, der mit Ordensmotiven bestickt ist. Der Orden wird an einem roten Band „Agraffe" getragen. Zu besonderen Anlässen wird die goldene Ordenskette „Collane" angelegt.

[94] Bericht der „Wiener Zeitung" vom 7. 1. 1845.

[95] Helmut Kretschmer, Wien und die Musikerdynastie Strauß. In: Wiener Geschichtsblätter, Beiheft 1 / 1999, Wien 1999, S.3 ff.

[96] Rückzug der Napoleonischen Truppen aus Rußland im Jahre 1812.

[97] Schlacht von Caldiero 1805 im dritten Koalitionskrieg gegen Napoleon, in der Erzherzog Karl siegte.

[98] Erzherzogin Maria Karolina (1825–1915), eine Tochter von Erzherzog Karl.

[99] Praschl-Pichler, Kaiserliche Kindheit, S. 76.

[100] Die Schlacht von Lützen 1632 im Dreißigjährigen Krieg – eine Niederlage der Kaiserlichen, in der König Gustav Adolf von Schweden und der kaiserliche General Gottfried von Pappenheim fielen.

[101] Erzherzogin Maria Karolina.

[102] Moritz von Nassau-Weilburg war Bancos Onkel mütterlicherseits.

[103] Wiener Zeitung vom 29. 1. 1845.

[104] Ismael Bey war der Enkel des türkischen Sultans Mahmud II.

[105] Max von Mexico, Kt. 99; Haus, Hof- und Staatsarchiv, Wien.

[106] Maximilian von Mexiko. Katalog der Ausstellung auf Burg Hardegg 1974, Wien 1974.

[107] Gräfin Alexandrine Amade, Hofdame von Erzherzogin Sophie.

[108] Luise Baronin Sturmfeder, die ehemalige Kinderfrau Franz Josephs.

[109] In Schönbrunn.

[110] Arnaud Berquin (1750–1791).

[111] Franz Schuselka, Österreichische Vor- und Rückschritte, Hamburg 1837, S. 195ff.; zitiert nach Othmar Birkner, Alltag vor und nach 1848. In: Wiener Geschichtsblätter, 54. Jahrgang 1999, Heft 1, S. 33ff.

[112] Friedrich August von Sachsen – „Onkel Fritz"

[113] Schnürer, Briefe, S. 56.

[114] Wiener Zeitung vom 10. Oktober 1843.

[115] Brief Erzherzogin Sophie vom 14. 11. 1858.

[116] Schnürer, Briefe, S. 58.

[117] Brief vom 12. September 1845 um ein Uhr. Schnürer, Briefe, S. 59.

[118] Erzherzog Franz IV., Herzog von Modena-Este und seine Töchter Maria Theresia und Maria Beatrix.

[119] Horst Friedrich Mayer, Max von Rottauscher, Als Venedig österreichisch war. Wien 1966.

[120] Amalia (1818–1875).

[121] Maximilian Freiherr von Wimpffen (1770–1854).

[122] Der Österreichische Lloyd war 1836 gegründet worden und unternahm von Triest aus Fahrten in die Levante, nach Indien und in die Fernen Osten.

[123] Palais Meran.

[124] Carl Graf Bombelles war der älteste Bruder von Franz Josephs Erzieher.

[125] Wiener Zeitung vom 26.10.1845.

[126] Gräfin Alexandrine Amade, Hofdame von Erzherzogin Sophie.

[127] Baron Karl Reischach, Kammervorsteher bei Erzherzog Franz Karl.

[128] Graf Ludwig Szechenyi, Obersthofmeister von Erzherzogin Sophie.

[129] Mathilde Wildauer (1820–1878), Opernsängerin und Burgschauspielerin.

[130] Prinz Eugen, der edle Ritter.

[131] Benedikt Randhartinger (1800–1893) Komponist, Sänger, Dirigent, seit 1848 Kapellmeister am Hofoperntheater.

[132] Zar Nikolaus I., der von 1825–1855 regierte.

[133] Graf Alexej Fedorowitsch Graf Orlow (1788–1861), Adjutant von Zar Nikolaus I., Chef der geheimen Polizei.

[134] Praschl-Bichler, Kaiserliche Kindheit, S. 200.

[135] Handschreiben Kaiser Franz II. vom 21. 9. 1824. Varia d. kab. Reg. K1, Konv. 4; Haus, Hof- und Staatsarchiv, Wien.

[136] Nugent von Westenrath, Graf Laval, Feldzeugmeister.

[137] Ludwig von Benedek (1804–1881) zeichnete sich dann in der Schlacht von Solferino aus. Gegen seinen Willen zum Oberbefehlshaber der Nordarmee bestellt, verlor er 1866 die Schlacht von Königgrätz gegen Moltke. Eine anschließende kriegsgerichtliche Untersuchung wurde von Franz Joseph persönlich niedergeschlagen. Vgl. Oskar Regele, Feldzeugmeister Benedek (1960).

[138] Stanislaw Grodziski, Das Königreich Galizien-Lodomerien und die Bukowina im Kaisertum Österreich (1772–1848). In: Katalog der Ausstellung Kaisertum Österreich 1804–1848, S. 63f.

[139] Tagebuch Max, Nr. 3; Eintragung vom 23. 2. 1846.

[140] Erzherzogin Sophie an ihre Mutter. Brief vom 26. 3. 1838. Zit. nach Corti, Vom Kind, S. 146.

[141] Burgschauspielerinnen. Julie Rettich galt als einer der größten Schauspielerinnen des 19. Jahrhunderts.

[142] Hofdamen-Briefe, S. 82.

[143] Tagebuch Max, Nr. 3; Eintragung vom 16. 6. 1846.

[144] Simmeringer Haide im elften Wiener Gemeindebezirk.

[145] Prinz Gustav von Schweden, Sohn des Königs Gustav IV. Adolf von Schweden aus dem Hause Holstein-Gottorp. Nach dem Verlust des Thrones nahm er den Namen Wasa an.

[146] Varia d. Kab. Reg. K1, Konv.1 6; Haus, Hof- und Staatsarchiv, Wien.

147 Brief vom 16. 1. 1847. Schnürer, Briefe, S. 67.

148 Baronin Scharnhorst am 29. 1. 1847. Hofdamenbriefe S. 113f.

149 Schloß im damaligen Komitat Weißenburg.

150 Ungarisches Gestüt, östlich von Raab.

151 Schnürer, Briefe, S. 84.

152 Die Zusammenfassung der Ereignisse in: 1848 – das tolle Jahr. Chronologie einer Revolution. Katalog der Ausstellung des Historischen Museums der Stadt Wien. Wien 1998.

Zeittafel zur Biographie Kaiser Franz Josephs I. (1830–1916)

1830	18. August	Geburt von Franz Joseph in Schloß Schönbrunn.
1832	6. Juli	Geburt von Ferdinand Maximilian (Bruder Franz Josephs).
1833	30. Juli	Geburt von Karl Ludwig (Bruder Franz Josephs).
1835	2. März	Tod Kaiser Franz I. (II.). Thronbesteigung seines ältesten Sohns als Kaiser Ferdinand I.
	8. Juni	Geburt von Maria Anna (Schwester von Franz Joseph. Sie verstirbt bereits 1840.)
1842	15. Mai	Geburt von Ludwig Viktor (Bruder Franz Josephs).
1843	Vor dem 18. August –	
	1. September	Aufenthalt in Ischl.
	1. – 8. September	Reise nach München und Possenhofen.
	9. – 18. September	Reise nach Ungarn.
	18. September	Rückkehr der Eltern und Ludwig Viktors aus Ischl.
	20. September	Unterrichtsbeginn. 25.–28. Oktober – Prüfungen.
	29. Oktober	Übersiedlung von Schönbrunn in die Hofburg.
1844	3.–15. Jänner	Erkrankung an Schafblattern.
	13. April – 20. Mai	Scharlacherkrankung.
	25. Mai	Übersiedlung von der Hofburg nach Schönbrunn.
	17. – 19. Juni	Schriftliche Prüfungen.
	27. Juni – 4. Juli	Fiebrige Erkrankung.
	5. August – 5. September	Aufenthalt in Ischl.
	5. – 27. September	Reise nach Bayern, Tirol, Vorarlberg und Südtirol.
	30. September –	
	3. Oktober	Manöver in Proßnitz / Mähren.
	5. Oktober	Unterrichtsbeginn.
	21. Oktober	Rückkehr der Mutter aus Ischl.
	30. Oktober	Übersiedlung von Schönbrunn in die Hofburg.
	31. Oktober	Erste Lektion in Militärtaktik.
	24. November	Verleihung des Ordens vom Goldenen Vließ.
1845	25. April	Beginn der „Frühjahrs-Tagesordnung".
	6. Mai–10. Mai	Prüfungen.
	15. Mai	Aufführung einer Komödie zum Namenstag der Erzherzogin Sophie.
	28. August–1. September	Aufenthalt in Ischl.
	2. September –	
	5. Oktober	Reise nach Lombardo-Venetien, Istrien und Slowenien.
	7. Oktober	Unterrichtsbeginn. 30. Oktober – Übersiedlung von Schönbrunn in die Hofburg.

	30. Dezember –	
	2. Jänner 1846	Besuch von Zar Nikolaus I.
1846		Aufstand in Galizien.
	16. Juni	Enthüllung des Denkmals für Kaiser Franz II.(I.) im Burghof.
	14. August – 1. September	Aufenthalt in Ischl.
	4. – 12. September	Manöver in Olmütz / Mähren.
1847	15. Jänner	Reise zum Begräbnis des Palatins von Ungarn.
	30. April	Tod von Onkel Karl (von Habsburg).
	14. August – 1. September	Aufenthalt in Ischl.
	17. Dezember	Tod der Tante Marie Louise (von Parma).
1848	13. März	Ausbruch der Revolution in Wien.
	14. März	Entlassung Metternichs.
	29. April	Franz Joseph reist zu den Truppen Radetzkys nach Italien.
	17. Mai	Flucht der kaiserlichen Familie nach Innsbruck.
	2. Dezember	Abdankung Kaiser Ferdinands I.
		Franz Joseph besteigt am 2.Dezember den Thron.
1849	Mai bis August	Russische Intervention in Ungarn.
	28. Juli	Bildung des Kabinetts Schwarzenberg. Beginn des Neoabsolutismus – Kaiser Franz Joseph als absoluter Herrscher.
1852		Tod Schwarzenbergs.
	Mai – Juni	Reise durch Ungarn.
1853	18. Februar	Attentat auf Franz Joseph. Krim-Krieg (1853–56).
1854	24. April	Heirat mit der Cousine Elisabeth, Prinzessin in Bayern.
1855	18. August	Konkordat mit der römisch-katholischen Kirche.
1857	20. Dezember	Beschluß zur Schleifung der Wiener Basteien.
1858	21.August	Geburt von Kronprinz Rudolf.
1859		Österreichisch-Französischer Krieg. Niederlagen von Magenta und Solferino.
	11. Juni	Tod Metternichs.
1860	31. Mai	Einberufung des erweiterten Reichstags.
1863	16. August – 1. September	Über Initiative Franz Josephs findet der Fürstenkongreß in Frankfurt statt.

1864		Einmarsch in Schleswig-Holstein.
	9. April	Erzherzog Ferdinand Maximilian wird Kaiser von Mexiko.
1866		Österreichisch-Preußischer Krieg.
	3. Juli	Niederlage von Königgrätz.
1867		Österreichisch-Ungarischer Ausgleich. Krönung Franz Josephs zum König von Ungarn. Beginn der liberalen Ära in der österreichischen Reichshälfte. Hinrichtung Ferdinand Maximilians in Mexiko.
1869	Oktober–November	Reise zur Eröffnung des Suezkanals und in das Heilige Land.
1872	28. Mai	Tod der Erzherzogin Sophie.
1873		Direktes Kurienwahlrecht.
	1. Mai	Wiener Weltausstellung.
	9. Mai	Börsenkrach.
1874		Aufhebung des Konkordats.
1875	April–Mai	Reise durch Dalmatien.
1878	Juli–Oktober	Okkupation von Bosnien und der Herzegowina.
1879	27. April	„Festzug der Stadt Wien" anläßlich der silbernen Hochzeit des Kaiserpaares.
	7. Oktober	Zweibund Österreich-Ungarn mit Deutschland.
1880	September	Reise durch Galizien und die Bukowina.
1882		Dreibund zwischen Österreich-Ungarn, Deutschland und Italien.
1886		Franz Joseph trifft die Schauspielerin Katharina Schratt.
		Sozialistengesetze (gegen jede Form der Agitation von Sozialisten).
1892		Österreich-Ungarn führt die Goldwährung ein.
1895	5. November	Franz Joseph verweigert die Zustimmung zur Wahl Karl Luegers als Bürgermeister von Wien.
1896		1000-Jahrfeiern in Ungarn in Anwesenheit des Kaiserpaares. Franz Joseph unterzeichnet eine Wahlrechtsreform mit Schaffung der allgemeinen Wählerklasse.
1898	10. September	Ermordung Kaiserin Elisabeths.
1899	29. Jänner	Selbstmord von Kronprinz Rudolf.

1907	20. Jänner	Franz Joseph erläßt das Gesetz über die Einführung des allgemeinen männlichen Wahlrechts.
1909		Letzter Besuch Franz Josephs bei Manövern.
1914	28. Juni	Ermordung des Thronfolgers Franz Ferdinand in Sarajewo.
	28. Juli	Franz Joseph unterzeichnet mit dem Manifest „An meine Völker" die Kriegserklärung Österreich-Ungarns an Serbien.
1916	21. November	Kaiser Franz Joseph stirbt in Schönbrunn.

Auszug aus der Stammtafel des Hauses Habsburg mit Bezug auf das Tagebuch Franz Josephs

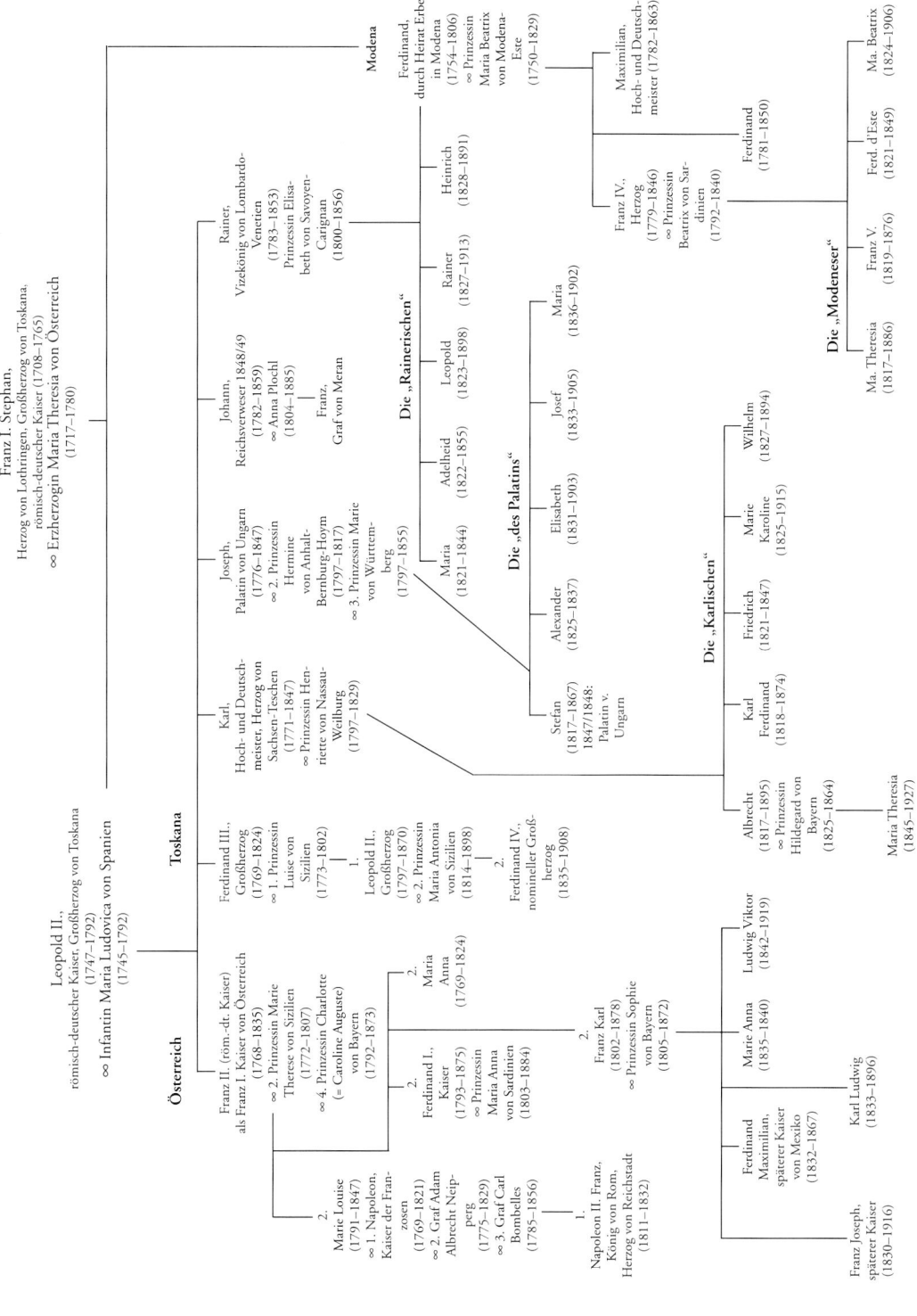

Franz I. Stephan,
Herzog von Lothringen, Großherzog von Toskana,
römisch-deutscher Kaiser (1708–1765)
∞ Erzherzogin Maria Theresia von Österreich
(1717–1780)

Leopold II.,
römisch-deutscher Kaiser, Großherzog von Toskana
(1747–1792)
∞ Infantin Maria Ludovica von Spanien
(1745–1792)

Österreich

Toskana

Modena

Franz II. (röm.-dt. Kaiser)
als Franz I. Kaiser von Österreich
(1768–1835)
∞ 2. Prinzessin Marie
Therese von Sizilien
(1772–1807)
∞ 4. Prinzessin Charlotte
(= Caroline Auguste)
von Bayern
(1792–1873)

Ferdinand III.,
Großherzog
(1769–1824)
∞ 1. Prinzessin
Luise von
Sizilien
(1773–1802)

Karl,
Hoch- und Deutsch-
meister, Herzog von
Sachsen-Teschen
(1771–1847)
∞ Prinzessin Hen-
riette von Nassau-
Weilburg
(1797–1829)

Joseph,
Palatin von Ungarn
(1776–1847)
∞ 2. Prinzessin
Hermine
von Anhalt-
Bernburg-Hoym
(1797–1817)
∞ 3. Prinzessin Marie
von Württem-
berg
(1797–1855)

Johann,
Reichsverweser 1848/49
(1782–1859)
∞ Anna Plochl
(1804–1885)
Franz,
Graf von Meran

Rainer,
Vizekönig von Lombardo-
Venetien
(1783–1853)
∞ Prinzessin Elisa-
beth von Savoyen-
Carignan
(1800–1856)

Ferdinand,
durch Heirat Erbe
in Modena
(1754–1806)
∞ Prinzessin
Maria Beatrix
von Modena-
Este
(1750–1829)

2.
Marie Louise
(1791–1847)
∞ 1. Napoleon,
Kaiser der Fran-
zosen
(1769–1821)
∞ 2. Graf Adam
Albrecht Neip-
perg
(1775–1829)
∞ 3. Graf Carl
Bombelles
(1785–1856)

Leopold II.,
Großherzog
(1797–1870)
∞ 2. Prinzessin
Maria Antonia
von Sizilien
(1814–1898)

2.
Maria
Anna
(1769–1824)

Maria
(1821–1844)

Adelheid
(1822–1855)

Alexander
(1825–1837)

Elisabeth
(1831–1903)

Josef
(1833–1905)

Maria
(1836–1902)

Leopold
(1823–1898)

Rainer
(1827–1913)

Heinrich
(1828–1891)

Franz IV.,
Herzog
(1779–1846)
∞ Prinzessin
Beatrix von Sar-
dinien
(1792–1840)

Ferdinand
(1781–1850)

Maximilian,
Hoch- und Deutsch-
meister (1782–1863)

1.
Napoleon II. Franz,
König von Rom,
Herzog von Reichstadt
(1811–1832)

Ferdinand I.,
Kaiser
(1793–1875)
∞ Prinzessin
Maria Anna
von Sardinien
(1803–1884)

Ferdinand IV.,
nomineller Groß-
herzog
(1835–1908)

Stefan
(1817–1867)
1847/1848:
Palatin v.
Ungarn

Die „Palatins"

Die „Rainerischen"

Die „Karlischen"

Karl
Ferdinand
(1818–1874)

Friedrich
(1821–1847)

Marie
Karoline
(1825–1915)

Wilhelm
(1827–1894)

Franz V.
(1819–1876)

Ferd. d'Este
(1821–1849)

Ma. Beatrix
(1824–1906)

2.
Franz Karl
(1802–1878)
∞ Prinzessin Sophie
von Bayern
(1805–1872)

Albrecht
(1817–1895)
∞ Prinzessin
Hildegard von
Bayern
(1825–1864)

Maria Theresia
(1845–1927)

Die „Modeneser"

Ma. Theresia
(1817–1886)

Marie Anna
(1835–1840)

Ludwig Viktor
(1842–1919)

Ferdinand
Maximilian,
späterer Kaiser
von Mexiko
(1832–1867)

Karl Ludwig
(1833–1896)

Franz Joseph,
späterer Kaiser
(1830–1916)

213

Auszug aus der Stammtafel des Hauses Wittelsbach

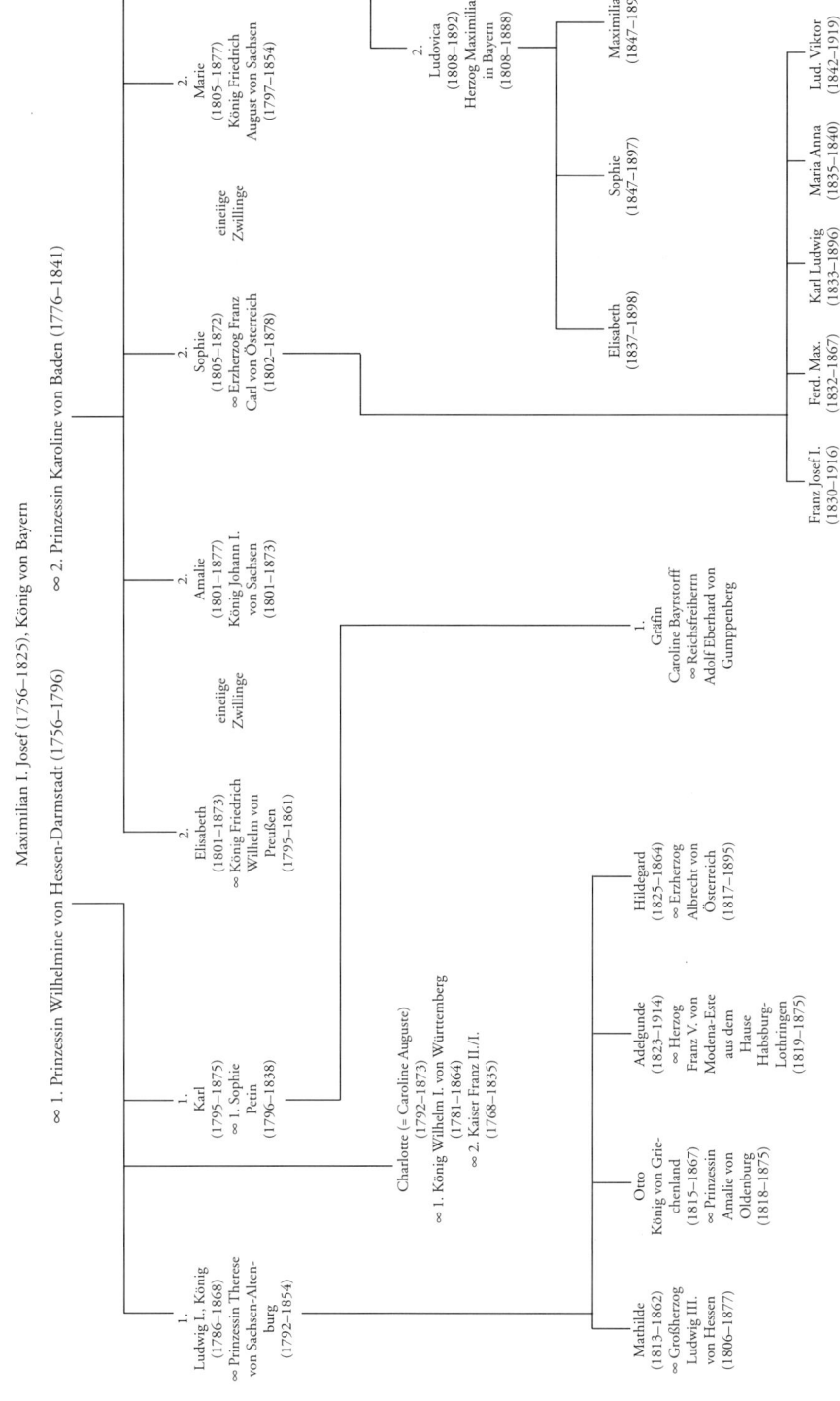

Maximilian I. Josef (1756–1825), König von Bayern

∞ 1. Prinzessin Wilhelmine von Hessen-Darmstadt (1756–1796)   ∞ 2. Prinzessin Karoline von Baden (1776–1841)

Bildnachweis

Bildarchiv der österreichischen Nationalbibliothek: Cover, 5, 8, 10, 11, 12, 14, 15, 18, 22, 23, 24, 25, 29, 31, 32, 33, 41, 43, 44, 46, 48, 55, 56, 57, 58, 59, 61, 64, 66, 69, 72, 73, 75, 76, 80, 81, 82, 83, 84, , 85, 87, 89, 95, 97, 98, 99, 100, 105, 106, 108, 111, 117, 118, 120, 121, 122, 123, 124, 125, 126, 127, 128, 130, 131, 132, 146, 147, 148

SAL, Sammlungen Artstetten/Luberegg: 19, 28, 39, 49, 67, 91, 92, 104

Privat: 1, 2, 3, 4, 17, 20, 26, 34, 54, 74, 77, 78, 86, 88, 93, 94, 109, 119, 137, 138, 143, 145

Historisches Museum: 6, 7, 9, 13, 37, 40, 45, 47, 50, 68, 79, 96, 101, 102, 103, 113, 114, 115, 129, 133, 134, 135, 139, 140, 142, 144, 149

Gemäldegalerie der Akademie der bildenden Künste: 16

Münchner Stadtmuseum: 21

Albertina: 27

Neue Galerie am Landesmuseum Joanneum, Graz: 30, 38

Haus-, Hof- u. Staatsarchiv, Wien:
42, 51 (Foto Udo Otto), 53 (Foto Udo Otto), 60, 62, 63, 65, 71, 107, 110, 141,

Niederösterreichische Landesbibliothek: 90, 116

MMD, Museen des Mobiliendepots, Kaiserliches Hofmobiliendepot, Wien: 52, 112

Amt der Burgenländischen Landesregierung: 35, 36

Galerie Hassfurther: 70

Amt der NÖ. Landesregierung: 136

Weiterführende, ausgewählte Literatur

Jean-Paul Bled, Franz Joseph. Der letzte Monarch der alten Schule. Wien 1988.

Egon Caesar Conte Corti, Vom Kind zum Kaiser. Graz 1951; Mensch und Herrscher. Graz 1952

Die österreichisch-ungarische Monarchie in Wort und Bild. Aus dem „Kronprinzenwerk" von Erzherzog Rudolf. Ausgewählt von Christiane Zintzen. Wien 1999.

Die Habsburger. Ein biographisches Lexikon. Hg. v. Brigitte Hamann. Wien 1988.

Ernst Hanisch, Der lange Schatten des Staates. Österreichische Geschichte 1890–1990. Wien 1998.

Franz Herre. Metternich. Staatsmann des Friedens. Köln 1983.

Gerd Holler, Sophie. Die heimliche Kaiserin. Mutter Franz Josephs I. Wien 1993.

Reform, Reaktion und Revolution (1740–1848). In: Erich Zöllner, Geschichte Österreichs. 8. Aufl. Wien 1990. Ebenda: Die Franzisko-Josephinische Epoche und das Ende der Monarchie.

Maximilian von Mexiko 1832–1867. Katalog der Ausstellung Hardegg. Wien 1974.

Eva B. Ottilinger/Lieselotte Hanzl, Kaiserliche Interieurs. Die Wohnkultur des Wiener Hofes im 19. Jahrhundert. Wien 1997.

Joseph Redlich, Kaiser Franz von Österreich. Berlin 1929.

Helmut Rumpler, Eine Chance für Mitteleuropa. Österreichische Geschichte 1804–1914. Wien, 1998.

Eduard R. Steinitz (Hg.), Erinnerungen an Franz Joseph I., Kaiser von Österreich, Apostolischer König von Ungarn. Berlin 1931.

Robert Waissenberger (Hg.), Wien 1815-1848. Bürgersinn und Aufbegehren. Die Zeit des Biedermeier und Vormärz. Wien 1985.

Wiener Biedermeier. Malerei zwischen Wiener Kongreß und Revolution. Hg. v. Gerbert Frodl und Klaus Albrecht Schröder. München 1992.

Das Zeitalter Kaiser Franz Josephs. 1. Teil. Von der Revolution zur Gründerzeit 1848–1888. Katalog der Ausstellung Grafenegg 1984.